Philo-notions

Collection dirigée par *Jean-Pierre Zarader*

La morale
le devoir, la volonté, la personne

Philippe Fontaine
Agrégé de Philosophie

Dans la même collection

- *L'art*, François Warin
- *Autrui*, Bernadette Delamarre
- *Connaissance du vivant*, Marie-Rose Faure
- *La conscience – l'inconscient, le désir, les passions*, Jean-Paul Ferrand
- *Le droit – la justice, la force*, René Lefebvre
- *L'État – le pouvoir, la violence, la société*, Alain Lagarde
- *L'existence – la mort, le bonheur*, Bernadette Delamarre
- *L'histoire*, Jean-Claude Gens
- *L'imagination – le jugement, l'idée*, Bernard Lacorre
- *La justice*, René Lefebvre
- *Le langage*, Philippe Ducat
- *Le langage et la pensée*, François Cavallier
- *La liberté*, Joël Wilfert
- *La métaphysique*, par Marc Ballanfat
- *La morale – le devoir, la volonté, la personne*, Philippe Fontaine
- *Nature et culture*, François Cavallier
- *Le pouvoir*, Alain Lagarde
- *La religion*, François Cavallier
- *La science – les mathématiques, l'expérience, la logique*, Miguel Espinoza
- *La sensiblité – sensation et sentiment*, Carlos Tinoco
- *Le temps – la perception, l'espace, la mémoire*, Olivier Salazar-Ferrer
- *Le travail – les échanges, la technique*, François Cavallier
- *La vérité – l'irrationnel, le sens, la sagesse*, Fabrice Foubet
- *La volonté*, Philippe Fontaine

ISBN 2-7298-5771-0

© Ellipses Édition Marketing S.A., 1997
32, rue Bargue 75740 Paris cedex 15

Le Code de la propriété intellectuelle n'autorisant, aux termes de l'article L.122-5.2° et 3°a), d'une part, que les « copies ou reproductions strictement réservées à l'usage privé du copiste et non destinées à une utilisation collective », et d'autre part, que les analyses et les courtes citations dans un but d'exemple et d'illustration, « toute représentation ou reproduction intégrale ou partielle faite sans le consentement de l'auteur ou de ses ayants droit ou ayants cause est illicite » (Art. L.122-4).
Cette représentation ou reproduction, par quelque procédé que ce soit constituerait une contrefaçon sanctionnée par les articles L. 335-2 et suivants du Code de la propriété intellectuelle.

www.editions-ellipses.com

Sommaire

Introduction	4
La dialectique de l'idée de la moralité	6
Archéologie de la conscience morale	27
Conclusion	31

Textes commentés

Aristote ■ La vertu comme juste moyenne	34
Kant ■ Les fins et les devoirs	36
Hegel ■ Morale et formalisme	38
Nietzsche ■ Morale et décadence	40
Bergson ■ Morale statique et morale dynamique	42

Dissertations

L'obligation morale peut-elle se réduire à l'obligation sociale ?	46
Y a-t-il un devoir d'être heureux ?	49
Le mensonge est-il toujours condamnable ?	52
Y a-t-il une valeur de l'exemple en morale ?	56
Que nous apprend sur l'homme le sentiment de la faute ?	59

Glossaire	62
Index	63

Introduction

La morale trouve son origine dans l'étymologie latine *moralis*, et dénote l'ensemble des attitudes humaines en rapport avec les mœurs : elle se donne d'abord comme un système de règles et de normes que tout homme est tenu d'observer, tant au plan individuel que collectif, personnel que social. L'enquête anthropologique permet en effet de constater qu'il n'existe pas de communauté humaine, quel que soit son degré d'évolution, ignorant toute distinction du bien d'avec le mal ; la vie sociale dans son ensemble se trouve ainsi prise dans un univers d'interdictions et de prescriptions ayant valeur de contrainte et d'obligation pour le sujet.

Les valeurs morales sont donc, à quelque degré, reconnues comme telles par tout homme. Il faut reconnaître et accepter comme un fait premier le caractère essentiel de *normativité* de la conscience humaine. Cela signifie que l'homme est un être moral qui, dans ses décisions volontaires, ne tient pas uniquement compte de son intérêt, mais aussi de celui des autres hommes. L'homme a des exigences rationnelles qui ne se réduisent pas à celles d'une raison scientifique ou physicienne : la science énonce des jugements de *fait*, la morale des jugements de *valeur*. Or un jugement de valeur ne peut jamais se ramener à un jugement de fait. Il suppose une attitude appréciative de l'esprit, attitude irréductible à l'attitude de constatation et de compréhension qui est celle de la science. Aucune justification, d'ordre factuel ou historique, ne saurait satisfaire cette exigence de fondation qui hante la conscience humaine. En d'autres termes, la conscience humaine n'est pas seulement conscience *psychologique*, qui nous dit *ce qui est*, elle se pose également comme conscience *morale*, prescrivant *ce qui doit être*. Tel est ce que Kant nomme la « raison pratique ». Notre conscience est essentiellement morale, comme l'atteste le souci constant qu'a l'homme de justifier à ses propres yeux ses intentions et ses actes ; l'homme est doué d'un sens moral, dans la mesure où l'individu le plus cynique tente encore, fût-ce par des sophismes, de justifier sa conduite au regard de sa propre conscience. La morale suppose ainsi la conscience morale, c'est-à-dire le pouvoir qu'a l'homme de poser des *valeurs*.

Ces valeurs sont essentielles à la conduite de notre vie. En effet, toute action humaine implique un *choix*, dans la mesure où elle est transformation de ce qui est en vue de ce qui doit être. L'action suppose donc une croyance, à savoir que ce qui va être fait doit l'être, car cela *vaut* mieux que ce qui était. La conduite humaine est essentiellement finalisée, elle se manifeste comme modification du réel, précédée ou accompagnée d'une représentation qui joue le rôle d'idée-fin.

La valeur est ainsi l'idée qui guide et fonde mon choix ; mais l'action morale, qui n'est qu'une des modalités de l'agir en général, rend plus important encore le rôle de la notion de *valeur* puisqu'elle met en jeu la représentation que l'on se fait de la nature et de la fonction de l'homme. Il est facile de montrer, comme le fait l'analyse sociologique, la variation et l'hétérogénéité des valeurs en fonction des groupes sociaux. Un tel constat incite à substituer la science descriptive des mœurs à l'*axiologie,* conçue comme réflexion philosophique sur la normativité essentielle de la conscience humaine.

De fait, la pluralité des cultures tend à induire le sentiment de la relativité des valeurs. En ce sens, la découverte de la diversité des contenus valoriels constitue la difficulté préjudicielle faisant obstacle à la prétention de la morale à la valeur absolue. La réflexion sur la pluralité des morales peut ainsi se saisir elle-même, se retourner comme réflexion sur elle-même : on veut alors savoir ce qui est bien *en soi*, déterminer *le* bien qu'il faut poursuivre en toutes circonstances.

C'est sur cette base que se pose le problème éthique : si je juge et décide au nom de certaines valeurs, qu'est-ce qui m'autorise à porter mes valeurs à la dignité de *la* Valeur ? La notion de valeur morale, dans la mesure où elle implique l'universalité, appelle la recherche d'un fondement susceptible de justifier l'être en lui donnant un sens ; la valeur morale est donc le terme d'un cheminement qui a pour but de permettre à l'homme d'avoir une conduite dont il puisse s'assurer la cohérence et la validité.

Le problème consiste donc à découvrir s'il existe un lien entre la multiplicité des valeurs données dans un monde donné, et l'*idéal* moral, qui n'est jamais donné, mais toujours postulé précisément comme idéal. En un mot, qu'est-ce qui vaut moralement absolument ?

La dialectique de l'idée de la moralité

I - Les morales antiques et la visée éthique

Pour les anciens, la fin de la vie humaine est le *bonheur* : le bonheur est ce à quoi tous les hommes universellement aspirent, ce qui est parfaitement désirable et qui se suffit à soi-même. A ce titre, il est l'horizon de toute action humaine. C'est donc lui que nous devons poursuivre, en sorte que toutes les morales de l'antiquité définissent la *vertu* comme l'aptitude à mener une vie heureuse. Les morales antiques sont, pour cette raison, dites *eudémonistes*.

L'idée de base de la morale moderne, comme nous le verrons, est celle du *devoir*. Au contraire, dans les morales antiques, l'idée de devoir, d'obligation morale, est secondaire : la vertu est subordonnée au bonheur, qui lui donne son prix, et dont elle n'est qu'un moyen préalable.

C'est dès cette vie, et non dans un au-delà suprasensible, que le bonheur peut et doit être atteint. Les moralistes anciens ne tiennent pas encore, contrairement aux moralistes chrétiens, la Nature pour déchue, ils ne séparent donc pas le monde de la valeur et le monde dans lequel nous vivons. Nos tendances devront donc être satisfaites ; seule une vie conforme à la Nature nous permettra de réaliser pleinement notre nature d'homme.

C'est pourquoi la vertu présupposera la connaissance du monde et de ses lois, ainsi que la connaissance de nous-mêmes ; en ce sens, elle présentera, à certains égards, les caractères d'une science. A l'intérieur de cette science globale, les deux connaissances « régionales » sont liées : connaissance du monde comme *cosmos*, et connaissance de l'homme comme image de l'univers.

Ainsi comprend-on par exemple que, pour les Stoïciens, nos fautes et notre malheur viennent de notre désaccord avec le monde : nous ne comprenons pas la nécessité de ce qui nous arrive, nous opposons nos désirs au réel. Pour atteindre la vertu et parvenir au bonheur, il faut donc lutter contre les passions (qui sont contraires à la nature, car elles reposent sur des jugements faux et déforment leurs objets ; or le naturel, c'est le vrai). Il faut former son jugement et s'efforcer de comprendre la vérité ; en un mot, il faut suivre la raison qui, nous assurant la compréhension de la Nature, nous amène à son acceptation. Comprendre la nécessité, c'est en effet la vouloir. La sagesse consistera donc dans la connaissance de l'ordre universel, et dans la conformité de cet ordre avec notre volonté.

C'est la raison pour laquelle on ne peut répondre à la question de savoir ce qui est bon « en soi », avant d'avoir situé l'action ou l'institution en question dans le monde dans son ensemble. Le vrai bien de l'homme, de tout homme, c'est-à-dire de l'homme en tant que tel, dépend de sa place dans le *cosmos*, comme totalité vivante, structurée, organisée. Pour la morale antique, ce n'est pas la pureté de l'intention qui donne sa valeur à l'action, mais le comportement en sa totalité. Ajoutons que, pour Platon et Aristote par exemple, la cité (*polis*) incarne la raison et assure la médiation entre l'individu et le cosmos. L'ordre de la Cité correspond à celui du monde et se fonde sur les mêmes principes d'organisation hiérarchiques. La cité se définissant elle-même par l'ensemble de ses règles, institutions et mœurs, c'est cet ensemble qui s'impose au citoyen et s'offre comme principe de vie à l'homme vertueux.

Les morales antiques définissent ainsi un modèle d'existence caractérisé par l'immanence des normes. Comme l'explique Laurent Jaffro dans une étude remarquable : « Si le caractère procède des mœurs, alors la relation avec les autres, dans la communauté, est le sol sur lequel se constitue la conduite de chacun. Ce n'est donc pas l'individu qui est moral, ce sont d'abord les mœurs qui sont bonnes. Dans cette effectivité des normes, sous l'aspect des coutumes que la collectivité tient pour exemplaires, la vertu n'est pas fondée sur l'autonomie de la personne. La vertu de chacun n'est donc pas le principe de la moralité, au sens de son origine, mais l'inscription en soi-même des normes à l'œuvre dans la communauté » (Laurent Jaffro, « Éthique et morale », *in* : *Notions de philosophie, III*, sous la direction de Denis Kambouchner, Gallimard, Folio/Essais, Paris, 1995, p. 230).

C'est pourquoi, au sein de la Cité, la législation comporte une fonction éducatrice, en tant qu'elle vise à produire l'homme vertueux par intériorisation des bonnes habitudes. Ces bonnes habitudes deviennent des dispositions acquises, c'est-à-dire des vertus.

Nous prendrons ici l'exemple d'Aristote, et plus particulièrement la voie tracée par l'*Éthique à Nicomaque* : il s'agit en effet d'un traité dialectique qui présente la science du Bien en analysant la structure de l'acte vertueux, ainsi que les fins de cet acte. L'*Éthique à Nicomaque* offre ensuite une analyse détaillée des différentes espèces de vertus, et en privilégie certaines, comme la justice ou l'amitié. Enfin, le Bien étant fondamentalement le Bien commun, Aristote établit et fonde la subordination du bien éthique au bien politique.

Quelles sont donc les caractéristiques essentielles de l'éthique aristotélicienne ?

La multiplicité des activités humaines implique la multiplicité des fins qui leur correspondent. La question se pose alors de la hiérarchie susceptible d'ordonner ces fins les unes par rapport aux autres. Cette classification requiert la position d'un Bien suprême, ou souverain Bien, Bien par excellence, qui donne sens aux activités des hommes. En vérité, Aristote s'accorde avec la plupart des philosophes grecs pour considérer que le but ultime de la vie humaine est la conquête et la conservation du bonheur : à ce titre, l'éthique aristotélicienne peut elle-même être définie comme un *eudémonisme*. Le bonheur définit ainsi le « *bien-vivre* », à titre de première composante de l'aspiration éthique. Comme tel, il est l'horizon de toute action humaine.

Si le bonheur constitue le souverain bien, les hommes ne s'entendent pourtant que sur « le nom » (*Éthique à Nicomaque*, I, chap. II, 1095 a). Aristote s'efforce donc de le définir à partir du concept de *fonction* ou de *tâche* (*ergon*). La fonction propre d'un être est l'opération pour laquelle il est fait, et qui, étant sa fin, définit également son essence. Or l'homme a lui-même sa fonction propre. Celle-ci ne peut résider en quelque activité liée aux arts ou aux métiers utiles à la vie de l'individu et de la cité, extérieure qu'elle est à la définition de l'homme. Il s'agit de déterminer la fonction de l'homme en tant que tel, c'est-à-dire, non dans telle ou telle de ses parties, mais dans son être pris comme totalité. Cette fonction ne peut être végétative, ni sensitive, puisque nous partageons ces déterminations avec le règne végétal et animal. Elle ne peut donc résider que dans la *différence spécifique* de l'homme avec tout autre animal. Dès lors, seule la partie *rationnelle*, distincte du corps, atteste la spécificité de l'homme. Cette fonction coïncide avec l'exercice même de la raison. L'exercice propre de l'âme est celui de la pensée dans toute son excellence et durant toute l'existence de l'homme accompli. La suite du traité aristotélicien précisera davantage le sens de cette fonction comme étant la *vie contemplative*[1], par laquelle notre bonheur tend à s'égaler à celui des dieux : « Si les Dieux en effet passent toute leur vie dans une félicité parfaite, l'existence de l'homme ne connaît ce bonheur que dans la mesure où elle présente quelque ressemblance avec une activité de ce genre [...] Par conséquent, le bonheur n'a d'autre limites que celles de la contemplation [...] si bien que le bonheur, pourrait-on dire, est une espèce de contemplation » (*Éthique à Nicomaque*, X, chap. VIII, 1178 b).

Mais si le propre de l'homme est d'être l'« animal raisonnable », l'action morale doit relever encore de cette exigence de rationalité, et, par là, rompre avec le comportement de l'animal privé de *Logos*, ou de l'homme soumis à l'impulsion de sa sensibilité naturelle. Aristote est ainsi amené à opposer des conduites irrationnelles à des conduites mettant en œuvre une capacité à choisir les moyens adaptés à une fin, capacité indissociable de la raison constitutive de l'être homme. D'où le souci aristotélicien de distinguer rigoureusement ce qui, dans l'ordre de l'action, tient à l'analyse des moyens et ce qui relève de la visée de la fin.

---

1. L'analyse aristotélicienne, dans l'*Éthique à Nicomaque*, distingue trois grands types d'activités : la *vie de jouissance*, recherchée par la foule et les gens les plus grossiers, qui placent le bonheur dans le plaisir (*Éth. Nic.*, I, chap. V) ; la *vie politique*, recherchée par l'élite et les hommes d'action, qui placent le bonheur dans les honneurs (*Éth. Nic.*, I, chap. V) ; enfin le genre de vie le plus élevé, qui a pour objet la *contemplation*, activité de l'âme en conformité avec la vertu (*Éth. Nic.*, X, chap. VI, VII et VIII).

Car le souhait de la « vie bonne » doit nécessairement se traduire par des actions concrètes, s'investir dans le tragique de l'action. Ce passage du plan moral abstrait à la prise en compte des situations concrètes revient à ancrer la vertu dans la praxis effective. Ainsi, l'application de la vertu au réel implique la *délibération* (*bouleusis*), précédant toute action. Cette réflexion appartient déjà, de plein droit, à la situation éthique elle-même, en tant qu'elle permet de caractériser la vertu aristotélicienne essentielle : la *prudence* (*phronêsis*). Cette vertu possède ainsi une double dimension, éthique et intellectuelle : « si Aristote abandonne la transcendance de l'intelligible, ce n'est pas pour lui substituer la transcendance illusoire de quelque irrationnel, mais l'immanence critique de l'intelligence. A l'intellection des intelligibles, il substitue, comme fondement de la règle éthique, l'intelligence des intelligents, et à la sagesse des Idées la prudence des prudents, mais il s'agit encore et toujours, quoique sous une nouvelle forme, d'un fondement intellectuel. » (P. Aubenque, *La Prudence chez Aristote*, P.U.F./Quadrige, Paris, 1993, p. 51).

Précisons davantage le sens de la vertu selon Aristote. La vertu morale est une disposition (*hexis*), c'est-à-dire une manière d'être *habituelle*, qui s'accompagne d'un choix réfléchi. L'acte vertueux isolé ne fait pas l'homme vertueux, pas plus que l'hirondelle ne fait le printemps. Cette disposition habituelle consiste en une *juste mesure* entre deux conduites déficientes, l'une par excès, l'autre par défaut ; ainsi le courage, juste mesure entre lâcheté et témérité ; ou la libéralité, juste mesure entre l'avarice et la prodigalité.

Vertu cardinale de la « sagesse pratique », la « prudence » (*phronèsis*) s'actualise dans le respect, en toutes circonstances, d'une « sage » et « excellente moyenne » : « la vertu est donc une sorte de moyenne (médiété) puisque le but qu'elle se propose est un équilibre entre les deux extrêmes » (*Éthique à Nicomaque*, II, chap. 6). Il est remarquable que cette définition de la vertu culmine, pour ainsi dire, dans la référence à l'homme sage (le *phronimos*), c'est-à-dire l'homme doué de ce sens éthique, de cette faculté de discernement, qui lui permet de choisir, en toutes circonstances, la solution la plus juste.

L'homme de bien accompli constitue, à ce titre, la figure emblématique de l'éthique aristotélicienne. Ainsi, au yeux d'Aristote, Périclès incarne-t-il l'homme sage, le *phronimos* par excellence. L'examen dialectique des tenants et aboutissants de la situation concrète permet le dépassement des opinions dans l'ontologie de l'action.

Ici apparaît une différence essentielle avec la conception moderne, et post-kantienne, de la morale : l'éthique ne se manifeste pas d'emblée sous la forme d'un ensemble d'impératifs exprimant formellement la loi morale, mais elle désigne la manière réglée dont les hommes vivent. Ici apparaît une différence essentielle avec la conception moderne, et post-kantienne, de la morale : l'éthique ne se manifeste pas d'emblée sous la forme d'un ensemble d'impératifs exprimant formellement la loi morale, mais elle désigne la manière réglée dont les hommes vivent. En sorte que la sagesse pratique et le sens du bien commun qu'est la fin de la cité ne sont que deux dispositions identiques.

En sorte que, la sagesse pratique et le sens du bien commun qu'est la fin de la cité ne sont que deux dispositions identiques. L'éthique aristotélicienne se veut concrète, en tant qu'elle vise le souverain bien, bien par excellence, qui donne sens aux activités des hommes. C'est pourquoi l'*Éthique à Nicomaque*, qu'Aristote lui-même qualifie de « traité de politique », établit la subordination du bien éthique particulier au bien politique. A propos du souverain bien, Aristote écrit : « Il peut sembler qu'il dépend de la science souveraine et au plus haut point organisatrice. Apparemment, c'est la science politique [...] Comme la politique utilise les autres sciences pratiques, qu'elle légifère sur ce qu'il faut faire et éviter, la fin qu'elle poursuit peut embrasser la fin des autres sciences, au point d'être le bien suprême de l'homme » (*Éthique à Nicomaque*, I, chap. 2).

Le bien politique, dès lors, coïncide avec l'effectuation de la visée éthique ; pour les Grecs, morale et politique sont indissociables, et le politique se constitue comme le *telos* (la fin) de la visée éthique. Autrement dit, la Cité se pose comme moyen terme, médiatisant la relation que l'individu entretient avec le *Cosmos*, conçu comme univers hiérarchique et organisé. Le Bien, « ce à quoi on tend en toutes circonstances », coïncide donc avec le Bien collectif, celui de la Cité, le Souverain Bien. Il en possède également les caractères, et ne peut être que l'accomplissement de cet ordre universel, l'effectuation de cette exigence de mesure et d'équilibre, dans laquelle la constitution politique est incitée par Aristote à puiser son inspiration.

Avec l'avènement du christianisme, le sens de l'exigence éthique se trouve radicalement modifié. La félicité, précisément, n'est plus de ce monde, qui n'est pas le royaume de Dieu. L'homme doit désormais choisir entre un bien et un mal qui ne sont plus définis par référence à un *cosmos* connaissable en sa structure.

Le moment du christianisme contribue ainsi à promouvoir une morale du renoncement et de l'ascétisme. L'homme, à la suite du pêché originel, est un être déchu : sa nature est mauvaise, il lui faut la combattre, se délivrer de cette partie corrompue de lui-même.

L'instance suprême devient la parole de Dieu, qui ne peut plus s'adresser qu'à une *conscience*, individualisée, libre et responsable. L'homme se voit comme individu, libre, soumis au seul jugement de ce qu'il désigne maintenant comme sa conscience morale, distincte de toute conscience purement psychologique ou théorique. C'est ce principe de la conscience qui se maintiendra désormais, lorsque la religion cessera de dominer la pensée comme l'ordre séculier. Ainsi s'annonce le thème de l'*autonomie de la conscience*, qui deviendra le principe premier de la morale kantienne, par exemple, mais aussi et surtout se marque avec la plus grande rigueur la séparation de l'ordre de la Nature et l'ordre de la

Valeur, solution de continuité entre l'être, ce qui *est*, et l'idéal, la valeur, ce qui *doit être*.

De fait, comme l'a montré Hegel, le monde moderne est né avec l'affirmation de la *liberté* comme vraie nature de l'homme, nature supra-naturelle ; l'Antiquité n'a, elle-même, pas connu le principe de la conscience morale, et, nous venons de le voir, on ne saurait trouver de concept unifié de la *volonté*, par exemple, chez Aristote.

II – *Le formalisme kantien comme morale de l'obligation*

Le formalisme kantien opère une rupture par rapport à la grande tradition classique et eudémoniste, au sens où le porteur du prédicat « bon » est désormais la *volonté*, sous la figure de la « volonté bonne ».

1 – *La « bonne volonté »*

Pour Kant, il n'existe qu'une seule chose qui puisse être tenue comme bonne sans restriction, c'est la « bonne volonté » (*Fondements de la métaphysique des mœurs*, 1785, tr. fr. V. Delbos, Paris Delagrave, 1re section, p. 87). Quelle est la nature de cette bonne volonté ? « Une action accomplie par devoir tire sa valeur morale *non pas du but* qui doit être atteint par elle, mais de la maxime d'après laquelle elle est décidée. Elle ne dépend donc pas de la réalité de l'objet et de l'action, mais uniquement du *principe du vouloir* d'après lequel l'action est produite, sans égard à aucun des objets de la faculté de désirer » (*ibid.*, p. 99).

Un acte moral est un acte déterminé par la simple représentation de la loi morale en nous, en dehors de toute cause empirique ou sensible, et en dehors de tout effet attendu ou espéré : « le devoir est la nécessité d'accomplir une action par pur respect pour la loi » (*ibid.*, p. 100). « *Se représenter la loi* en elle-même, ce qui, à coup sûr, n'a lieu que dans un être raisonnable*, et faire de cette représentation, non de l'effet attendu, le principe déterminant de la volonté, cela seul peut qualifier ce bien si excellent que nous qualifions de moral » (*ibid.*). Quelle est donc cette loi morale ?

« Puisque j'ai dépossédé la volonté de toutes les impulsions qui pourraient être suscitées en elle par l'idée des résultats dus à l'observation de quelque loi, il ne reste plus que la conformité universelle des actions à la loi en général qui doit seulement lui servir de principe ; en d'autres termes, je dois toujours me conduire de telle sorte *que je puisse aussi vouloir que ma maxime devienne une loi universelle »* (*ibid.*, p. 103). A la morale correspond donc l'exigence d'*universalité*, par laquelle la rationalité se fait « raison pratique ». Mais la référence à la loi au titre de critère de l'action morale consacre le *formalisme* de la morale kantienne : l'exigence d'universalité se pose comme règle formelle, à laquelle doivent se soumettre les maximes, c'est-à-dire les principes subjectifs inspirant les actions.

C'est ce formalisme qui s'exprime dans l'énoncé de l'impératif catégorique, en tant qu'il détermine la nécessité pour la maxime de toute action d'être universalisable, c'est-à-dire valable pour tout homme, en toutes circonstances, et sans tenir compte des conséquences.

2 – L'impératif catégorique

a) La moralité d'un acte se juge en effet à la possibilité d'universaliser la maxime qui en est à l'origine. Le devoir ne dérive pas de l'expérience qui nous dit *ce qui est*, car le principe du devoir réside dans *ce qui doit être* : « quand il s'agit des valeurs morales, l'essentiel n'est point dans les actions que l'on voit, mais dans ces principes intérieurs des actions qu'on ne voit pas ». Les concepts moraux ne viennent pas de mobiles subjectifs qui tirent leur origine de la sensibilité, ils ont leur siège et leur origine « complètement *a priori* dans la raison, dans la raison la plus commune aussi bien que dans celle qui est au plus haut degré spéculative. » Kant nous dit, dans la *Critique de la raison pratique*, que l'on obtient « juste le contraire » du principe de la moralité si l'on prend pour principe déterminant de la volonté le principe du bonheur personnel. Ici se marque le rigorisme kantien, qui exclut le désir, le plaisir, le bonheur, l'intérêt[1], du motif de l'action. Encore faut-il comprendre que ces motivations ne sont pas tant considérées comme mauvaises en soi que frappées du caractère empirique, particulier et contingent, par quoi elles dérogent nécessairement au critère d'universalisation.

b) L'être raisonnable se définit donc comme un être capable d'agir d'après la représentation d'une loi. Toute chose dans la nature agit d'après des lois. Mais seul l'être raisonnable a la faculté d'agir d'après la représentation des lois, ou d'après des principes, c'est-à-dire qu'il a seul une volonté. C'est par cette volonté que l'homme se soumet librement à la loi morale. Mais parce que l'être raisonnable est également un individu sensible, la conscience de cette loi se présente à la volonté sous la forme d'un *impératif* : « la représentation d'un

---

1. A ce rigorisme kantien s'oppose la conception utilitariste de la morale, telle qu'on la trouve par exemple chez Bentham, jurisconsulte anglais du XVIIIe siècle. Bentham s'efforce de justifier la morale traditionnelle à partir de la recherche naturelle du plaisir. La vertu se confond ainsi avec le calcul habile de son intérêt. Par une « arithmétique des plaisirs », Bentham démontre que les vertus traditionnelles donnent des plaisirs plus purs que les vices opposés. La bonté d'un acte se mesure à son utilité, c'est-à-dire à ce qui doit nous procurer le maximum de plaisirs pour le minimum de peines.

La question reste pourtant posée, à l'encontre d'une telle conception, de savoir si, d'une part, elle ne confond pas plaisir et bonheur, et, d'autre part, comme Bentham lui-même doit en convenir, si l'on peut espérer, sans optimisme excessif, une conciliation spontanée des intérêts, c'est-à-dire une sorte d'« harmonie préétablie » entre les égoïsmes particuliers. Le spectacle de la vie sociale ne semble guère en administrer la preuve. Enfin, et c'est là sans doute l'objection la plus grave, un tel système ne peut se présenter comme le fondement de la morale, puisque le pire malfaiteur peut avoir au mieux calculé son intérêt. L'intérêt n'est pas, semble-t-il, ce qui fonde la morale, mais plutôt ce qui tend constamment à la nier.

principe objectif en tant que ce principe est contraignant pour une volonté s'appelle un commandement (de la raison), et la formule du commandement s'appelle un impératif. Tous les impératifs sont exprimés par le verbe "devoir" (*sollen*), et ils indiquent par là le rapport d'une loi objective de la raison à une volonté qui, selon sa constitution subjective, n'est pas nécessairement déterminée par cette loi » (*Fondements de la métaphysique des mœurs*, 2e section, *op. cit.*, p. 123).

Il existe deux sortes d'impératifs :

- *L'impératif hypothétique* : (*si tu veux..., alors tu dois*). Il est technique dans la mesure où il concerne l'habileté dans le choix des moyens ; il est « pragmatique », puisqu'il signifie la prudence pour réaliser son bien-être : « les impératifs hypothétiques représentent la nécessité pratique d'une action possible, considérée comme moyen d'arriver à quelque chose que l'on veut... L'impératif hypothétique exprime donc seulement que l'action est bonne en vue de quelque fin *possible* ou *réelle* » (*ibid.*, p. 124-125).

- *L'impératif catégorique* : (*tu dois parce que tu dois*). « Serait celui qui représenterait une action comme nécessaire pour elle-même, comme nécessaire objectivement. Il concerne non la matière de l'action, ni ce qui doit en résulter mais la forme et le principe dont elle résulte elle-même ; et ce qu'il y a en elle d'essentiellement bon consiste dans l'intention, quelles que soient les conséquences. Il n'y a que la loi qui entraîne avec soi le concept d'une nécessité inconditionnée, véritablement objective, et par suite d'une nécessité universellement valable » (*ibid.*, p. 125-128).

3 – Les formules de l'impératif catégorique

a) Détermination par les lois. « Il n'y a donc qu'un impératif catégorique et c'est celui-ci : *agis uniquement d'après la maxime qui fait que tu peux vouloir en même temps qu'elle devienne une loi universelle* » (*ibid.* p. 136).

L'intransigeance formelle, qui préside à la formulation du principe de la loi morale, conduit à l'idée d'*autonomie*, c'est-à-dire d'autolégislation de la conscience morale ; en effet, la question essentielle n'est pas tant de déterminer le contenu de l'action *hic et nunc* que de conformer la maxime de son action au critère formel d'*universalité*. Ainsi, le sujet se fait *autonome*, c'est-à-dire auteur de la loi à laquelle il obéit.

Dès lors, et puisque l'universalité de la loi d'après laquelle les effets se produisent est ce qu'on appelle la *nature* (« la nature est l'existence des choses en tant qu'elle est déterminée selon des lois universelles »), on peut énoncer l'impératif catégorique sous cette deuxième forme :

> Agis comme si la maxime de ton action devait être érigée par ta volonté EN LOI UNIVERSELLE DE LA NATURE. (*ibid.*, p. 137)

Kant donne quatre exemples de devoirs (*Fondements de la métaphysique des mœurs*, 2ᵉ section, *op. cit.*, p. 138-141) : ne pas se suicider dans une situation difficile ; tenir ses promesses ; cultiver ses talents naturels ; subvenir à autrui (aider au bonheur d'autrui).

Pour les deux premiers exemples, Kant nous montre que si l'on élevait à l'universel le principe de l'amour de soi, il y aurait une destruction logique de la notion même de nature.

Pour les deux derniers exemples, Kant nous dit que si l'on universalisait la maxime (soit de la jouissance, soit de l'indifférence), ces maximes seraient incapables de constituer d'elles-mêmes une nature gouvernée par des lois.

Kant réitère, à la suite de cette déduction des devoirs, l'idée que l'origine de la loi morale n'est pas empirique : « il ne faut pas du tout se mettre en tête de vouloir dériver la réalité de ce principe (à savoir l'impératif catégorique en tant qu'il renferme la possibilité de tous les devoirs) de la *constitution particulière de la nature humaine*... Il faut que la philosophie manifeste ici sa pureté en se faisant la gardienne de ses propres lois. Les principes comme ceux que dicte la Raison doivent avoir une origine pleinement et entièrement *a priori*, et tirer de là leur autorité impérative, attendant tout de la suprématie de la loi et du respect qui lui est dû, n'attendant rien de l'inclination de l'homme » (*ibid.*, p. 144-145).

b) Détermination par les fins. La volonté est pour Kant à la fois la faculté d'agir à partir de la représentation de la *loi*, et à partir de la représentation d'une *fin*.

Il y a deux types de fins : les fins *subjectives*, qui se fondent sur des *mobiles* nés du désir, et les fins *objectives* qui « tiennent à des motifs valables pour tout être raisonnable » (*ibid.*, p. 148).

Quelle est donc la fin objective qui doit déterminer la volonté de l'être raisonnable à agir ? C'est le *respect de l'humanité* : « supposé qu'il y ait quelque chose *dont l'existence en soi-même* soit une valeur absolue, quelque chose qui, comme *fin en soi*, pourrait être le principe de lois déterminées, c'est alors en cela et en cela seulement que se trouverait le principe d'un impératif catégorique possible... Or je dis : l'homme, et en général tout être raisonnable, *existe* comme fin en soi et *non pas simplement comme moyen* dont telle ou telle volonté puisse user à son gré » (*ibid.*, p. 148). D'où :

Troisième formule de l'impératif catégorique :

> Agis de telle sorte que tu traites l'humanité aussi bien dans ta personne que dans la personne de tout autre, toujours et en même temps comme une fin, et jamais simplement comme un moyen. (*ibid.*, p. 150)

Les êtres raisonnables sont appelés des personnes, parce que, dit Kant, leur nature les désigne déjà comme des fins. A ce registre ressortit l'idée d'irremplaçabilité des personnes, idée dérivée de l'opposition entre fin et moyen.

Les personnes sont des fins objectives qui, à ce titre, ne peuvent jamais être « remplacées » par aucune autre. Ici se marque la différence entre la chose, qui n'est qu'un moyen et n'a jamais qu'une valeur relative, ou un prix, et la personne, qui a une *valeur* absolue et constitue une fin en soi.

Cette idée de la *personne* comme être raisonnable dont la nature la désigne déjà comme une fin en soi, est essentielle, dans la mesure où elle équilibre le formalisme du premier impératif. Le respect de l'humanité, faisant acception des personnes, « humanise », pour ainsi dire, le premier énoncé de l'impératif catégorique, et en tempère la sécheresse.

A la suite de cette nouvelle formulation de l'impératif catégorique, Kant reprend les quatre exemples précédents du devoir, et la question qui se posera maintenant au sujet ne sera pas de savoir s'il peut ériger la maxime de son action en loi universelle, mais si « son action peut s'accorder avec l'idée d'humanité comme fin en soi ».

4 – *Autonomie et hétéronomie*

Le principe selon lequel toute volonté apparaît comme instituant par ses maximes une législation universelle est le « principe de l'*autonomie* de la volonté » (*Fondements de la métaphysique des mœurs*, 2e section, *op. cit.*, p. 156-157). Ce principe se rattache à une idée très féconde qui est celle du « *règne des fins* » : « le concept selon lequel tout être raisonnable doit se considérer comme établissant par toutes les maximes de sa volonté une législation universelle afin de se juger soi-même et ses actions de ce point de vue, conduit à un concept très fécond qui s'y rattache, je veux dire le concept d'un règne des fins. Or, par règne, j'entends la liaison systématique de divers êtres raisonnables par des lois communes... Des êtres raisonnables sont tous sujets de la loi selon laquelle chacun d'eux ne doit se traiter soi-même et traiter tous les autres simplement comme des moyens, mais toujours et en même temps comme des fins en soi » (*ibid.*, p. 157-158).

Le règne des fins désigne ainsi la « liaison systématique de divers êtres raisonnables par des lois communes », c'est-à-dire une société idéale de volontés autonomes, autrement dit de *personnes*.

« Un être raisonnable appartient, en qualité de *membre*, au règne des fins lorsque, tout en y donnant des lois universelles, il n'en est pas moins lui-même soumis aussi à ces lois » (*ibid.*, p. 158). En d'autres termes, « la moralité est la condition qui seule peut faire qu'un être raisonnable est une fin en soi ; car il n'est possible que par elle d'être un membre législateur dans le règne des fins. La moralité, ainsi que l'humanité, en tant qu'elle est capable de moralité, c'est donc là ce qui seul a de la dignité[1] » (*ibid.* p. 160).

---

1. La notion de *dignité* doit être rigoureusement distinguée de celle de *prix* : « dans le règne des fins, écrit

Même si le devoir implique la sujétion de la conscience à la loi, la personne qui remplit tous ses devoirs possède la plus grande dignité. Car, précise Kant, « ce n'est pas en tant qu'elle est *soumise* à la loi morale qu'elle a en elle de la sublimité, mais bien en tant qu'au regard de cette même loi elle est en même temps *législatrice* » (*Fondements de la métaphysique des mœurs*, 2ᵉ section, *op. cit.*, p. 169). C'est ainsi que la loi morale, par la conscience du devoir, « nous fait sentir, écrit Kant, la sublimité de notre propre existence suprasensible » (*Critique de la raison pratique*, I, chap. III, trad. F. Picavet, P.U.F., Paris, 1971).

En d'autres termes, l'existence de la moralité présuppose celle de la *liberté*. Selon une formule célèbre de la *Critique de la raison pratique*, si la liberté est la « *ratio essendi* (raison d'être) de la loi morale », la loi morale, en tant qu'objet d'expérience, est « la *ratio cognoscendi* (principe de connaissance) de la liberté » (*Critique de la raison pratique*, préface, note 3). Kant explique : « si la loi morale n'était pas d'abord clairement conçue dans notre raison, nous ne nous croirions jamais autorisés *à admettre* une chose telle que la liberté (quoiqu'elle n'implique pas contradiction). Mais s'il n'y avait pas de liberté, la loi morale ne *se trouverait nullement en nous* » (*ibid.*). La loi morale est un objet d'expérience qui permet d'affirmer la liberté.

Qu'en est-il donc de cette liberté ?

Dans la troisième section des *Fondements de la métaphysique des mœurs*, Kant nous dit qu'il y a *deux* définitions possibles de la *liberté* :

1) Une *définition négative*, selon laquelle « la liberté serait la propriété qu'aurait la volonté de pouvoir agir indépendamment de causes étrangères qui la déterminent » (*Fondements de la métaphysique des mœurs*, 3ᵉ section, *op. cit.*, p. 179).

2) Une *définition positive* : « comme le concept d'une causalité implique en lui celui de lois d'après lesquelles quelque chose que nous nommons effet doit être causé par quelque autre chose qui est la cause, la liberté, bien qu'elle ne soit pas une propriété de la volonté se conformant aux lois de la nature, n'est pas cependant pour cela en dehors de toute loi ; au contraire, elle doit être une causalité agissant selon des lois immuables, mais des lois d'une espèce particulière ; car autrement une volonté libre serait un pur rien... En quoi donc peut bien consister la liberté de la volonté, sinon dans une autonomie, c'est-à-dire dans la propriété qu'elle a d'être à elle-même sa propre loi ? » (*ibid.*, p. 179-180).

Kant, tout a un *prix* ou une *dignité*. Ce qui a un prix peut aussi bien être remplacé par quelque chose d'autre, à titre *d'équivalent* ; au contraire, ce qui est supérieur à tout prix, ce qui par suite n'admet pas d'équivalent, c'est ce qui a une dignité » (*Fondements de la métaphysique des mœurs*, 2ᵉ section, *op. cit.*, p. 160). La suite du texte précise que « ce qui constitue la condition qui seule peut faire que quelque chose est une fin en soi, cela n'a pas seulement une valeur relative, c'est-à-dire un prix, mais une valeur intrinsèque, c'est-à-dire une *dignité* » (*ibid.*, p. 160).

Il ne faut donc pas confondre *deux notions de la liberté* : celle que Kant appelle, dans la *Critique de la raison pure*, « liberté transcendantale », qu'on pourrait définir comme un pouvoir d'agir indépendant du mécanisme des lois naturelles, et que Kant nous donne comme simplement possible (la réalité de ce concept ne peut pas, en effet, être rationnellement démontrée ; elle est « une simple Idée, dont la réalité objective ne peut en aucune façon être mise en évidence d'après les lois de la nature » : *Fondements de la métaphysique des mœurs*, 3e section, *op. cit.*, p. 203) ; et celle de la « liberté pratique », que le sujet expérimente en lui-même, en tant qu'il appartient de droit à un monde intelligible, et qui consiste en un pouvoir d'agir conformément à des règles que l'on se donne.

La liberté ne doit donc pas tant être conçue comme une idée théorique, métaphysique, que comme liberté agissante, qui, en tant que volonté libre, se détermine selon le principe d'universalité et se constitue ainsi comme « raison pratique ». Dès lors, le devoir ne saurait être fondé sur autre chose que la conscience de la loi, qui ne prescrit par elle-même rien d'autre (tel est son « formalisme », rien de plus) que la conformité à l'idée d'une législation universelle pour des êtres libres et raisonnables.

Il apparaît que la notion fondamentale de la morale kantienne n'est pas celle de Bien, mais celle de *devoir* : Kant ne procède à aucune déduction du devoir à partir du Bien, mais prend son point de départ dans le fait même du devoir. Du coup, l'obligation morale, loin d'être subordonnée à une condition ou à une fin pouvant faire l'objet d'une délibération (comme c'était le cas avec les préceptes de l'habileté ou de la prudence dans les morales antiques), cette obligation commande absolument, c'est-à-dire sans conditions, parce qu'elle est l'émanation même de la raison, qu'elle est donc a priori, et se présente comme universellement valable. Le fondement de la moralité se trouve ainsi dans la raison pratique.

Pour autant, cette analyse kantienne n'est pas sans difficultés.

Ainsi, de nombreux auteurs ont pu faire observer les conflits pratiques auxquels semble condamner l'application à la lettre de la règle formelle d'universalisation. La difficulté consiste en effet à concilier l'exigence d'*universalité* propre à la loi morale, socle de l'autonomie du sujet moral, et la nécessaire *particularité* des contextes historiques et communautaires au sein desquels l'action projetée doit venir s'insérer. Aucune règle abstraite, semble-t-il, aucune prétention universaliste ne sauraient nous dégager de la charge et de la responsabilité de l'agir concret, c'est-à-dire de cette autre obligation où nous sommes, du fait même de notre situation d'êtres finis, d'avoir à objectiver des règles éthiques dans des circonstances nécessairement particulières. Ne faut-il pas, à cet égard, finir par reconnaître la dimension tragique de l'existence et de l'action humaines, si souvent manifeste dans des situations conflictuelles, qui ne se laissent solder par aucune solution entièrement satisfaisante ?

III - La critique hégélienne de la vision morale du monde : vie éthique et morale concrète

La difficulté la plus générale de la morale kantienne tient au fait que la notion du devoir constitue une norme réduite au schéma abstrait (c'est-à-dire ne prenant pas en compte les conditions concrètes de la situation) de la règle d'universalisation de la maxime de l'action. Dès lors, la raison pratique ressortit à une volonté elle-même « abstraite » et vide, et non à un pouvoir d'agir concrètement, comme l'exige pourtant l'idée de liberté entendue comme cause libre, c'est-à-dire comme pouvoir de commencement absolu, comme capacité à changer la succession des événements dans le monde. L'impératif catégorique ne donne que la forme vide de l'action morale ; *in concreto*, plusieurs biens et « devoirs » peuvent tomber en conflit l'un avec l'autre. Le principe de non-contradiction devient un postulat purement théorique et irréalisable dans l'action concrète.

Cette objection est d'autant plus grave que l'idée même de devoir contient la nécessité de l'action réelle. La conscience ne peut pas seulement *vouloir* agir moralement, cette volonté doit se réaliser dans ce que Hegel appelle le moment de l'« effectivité », c'est-à-dire que l'action doit s'incarner concrètement dans le monde. La moralité qui en resterait à l'intention d'agir sans agir ne serait même plus intention *morale* : c'est pourquoi « la moralité ne tend pas à rester disposition en contraste avec l'agir, mais elle tend *à agir*, ou à s'actualiser effectivement » (Hegel : *Phénoménologie de l'Esprit*, t. II, trad. J. Hyppolite, éd. Aubier-Montaigne, Paris, p. 146).

Comme on le voit, la faiblesse de l'analyse kantienne réside dans le caractère dichotomique de la relation, qu'elle met au jour, entre la conscience et la réalité (ou la « nature », comme le dit Hegel). La conscience morale, en effet, s'affirme dans son autonomie et se pose comme essentielle, totalement indépendante de la réalité extérieure, elle-même considérée comme inessentielle : de son côté, la nature se soucie aussi peu de la conscience morale que celle-ci de la nature ; bref, « au fondement de ce rapport, écrit Hegel, se trouvent, d'une part, la pleine *indifférence* mutuelle et l'*indépendance spécifique* de la Nature et de la *moralité* » (Hegel : *Phénoménologie de l'Esprit*, t. II, *op. cit.*, p. 145).

Ce divorce trahit l'échec de la conscience morale, impuissante à maintenir vivante la relation d'implication réciproque du devoir et de la nature, sous la forme des penchants et de la sensibilité : pour elle, le devoir n'a de sens que comme l'*Autre* des penchants ; la position du devoir appelle son contraire, qu'il trouve dans la figure de la sensibilité. Le sujet moral ne peut se poser comme tel que dans sa volonté de nier le rapport de la nature en lui.

C'est par là que la conscience morale est conscience « malheureuse » : le sujet souffre d'une déchirure interne, écartelé qu'il est entre les postulations contradictoires de son être intelligible et de son être sensible. En lui s'affrontent le sentiment de l'*obligation* considéré comme l'*a priori* de la volonté, et le *désir* qui représente l'élément empirique de la personnalité. Le désir se trouve ainsi exclu de la sphère éthique, et, à travers lui, le bonheur comme principe matériel du vouloir. Tel est le sens du *rigorisme* kantien, qui consiste à séparer le principe formel de l'obligation et le processus de l'action dans sa totalité.

Mais c'est le sujet lui-même qui est ainsi divisé d'avec lui-même, et souffre de contradictions vécues par la conscience au cours de son expérience morale. Ces contradictions animent ce que Hegel appelle la « vision morale du monde », et que la conscience morale cherche à fuir par le système des « postulats de la raison pratique » (Kant : *Critique de la raison pratique*). Hegel critique vivement ces postulats kantiens, non sans les dénaturer partiellement. Mais l'essentiel reste que l'ensemble de ces postulats constitue une « vision du monde ». Car c'est précisément cette vision globale dont Hegel montre les contradictions internes. La conscience morale, elle-même confrontée à ces contradictions, ne peut tenter d'y échapper qu'au moyen de ce que Hegel appelle des « déplacements équivoques », positions théoriques de mauvaise foi où le sujet se dissimule à lui-même le sens de sa propre pratique, afin d'échapper aux contradictions engendrées par la vision morale du monde, et que les postulats de la raison pratique ne permettent aucunement de supprimer.

Ainsi, selon Kant, la conformité parfaite de la volonté à la loi morale constituerait la *sainteté*, dont aucun être raisonnable du monde sensible n'est capable ; dès lors, l'exigence, pratiquement nécessaire, d'une telle conformité « peut seulement être rencontrée dans un *progrès allant à l'infini* » (Kant : *Critique de la raison pratique, op. cit.*, p. 131). Mais « ce progrès indéfini n'est possible que dans la supposition d'une *existence* et d'une personnalité de l'être raisonnable persistant *indéfiniment* (ce que l'on nomme l'immortalité de l'âme) » (*ibid.*, p. 132). Seul le postulat de l'immortalité de l'âme permet, selon Kant, au sujet moral de se parfaire par une progression indéfinie dans l'harmonie entre la raison et la sensibilité.

D'autre part, nous l'avons vu, Kant fait du devoir le seul motif possible de l'action morale. Mais cette exigence d'intégrité absolue ne se voit pas nécessairement récompensée, hélas, par le bonheur, dans un monde où les justes sont parfois persécutés et où les méchants prospèrent. Kant doit en convenir : « dans la loi morale, il n'y a pas le moindre principe pour une connexion nécessaire entre la moralité et le bonheur qui lui est proportionné » (*Critique de la raison pratique, op. cit.*, p. 134). C'est pourquoi il faut postuler le souverain bien comme union du bonheur et de la vertu. Mais puisque cette union ne peut s'effectuer nécessairement dans l'expérience, il faut en postuler la réalisation dans un monde suprasensible : « ainsi, écrit Kant, on *postule* aussi l'existence d'une cause de toute la nature, distincte de la nature et contenant le principe de cette connexion, c'est-à-dire de l'harmonie exacte du bonheur et de la moralité » ; cette harmonie, distincte de la nature, ne peut se trouver réalisée qu'en Dieu : en sorte qu'il « est moralement nécessaire d'admettre l'existence de Dieu » (*Critique de la raison pratique*, *op. cit.*, pp. 134-135).

Hegel voit dans ces différents postulats kantiens l'expression même de la contradiction, que la conscience morale est incapable de surmonter, entre le devoir et la nature, ou entre l'idéal et l'être réel. Cette contradiction est d'autant plus dirimante qu'il est impossible, de l'aveu même de Kant, de négliger les rapports existant entre la vertu et la morale, l'ordre moral et l'ordre du monde. Hegel pourra donc dénoncer l'impuissance de cette vision morale, qui n'est qu'une *représentation* ; l'unité du devoir et de l'effectivité y est seulement pensée, et non accomplie.

Ainsi, faute de savoir produire aucune harmonie entre le devoir-être et l'être, la moralité kantienne ajourne à l'infini le moment de la satisfaction, sans lequel l'effectivité même de l'action morale reste incompréhensible. A cette scission, Hegel oppose l'argument selon lequel la conscience trouve une jouissance dans l'accomplissement du devoir ; la conscience éthique crée elle-même, dans et par l'action, l'harmonie de la nature et de la moralité. L'action morale comporte déjà cette réunification, dans le simple bonheur de faire son devoir. Le bonheur n'est pas extérieur à la vertu, comme l'avait cru Kant ; la récompense de la vertu est la vertu même. Bref, la réconciliation du bonheur et de la vertu ne se fait pas *au-delà*, dans un monde intelligible, mais dans l'*effectivité* même de l'action morale : « l'action, écrit Hegel, accomplit donc en fait immédiatement ce qui était proposé comme n'ayant pas lieu, et devait être seulement un postulat, seulement un au-delà » (*Phénoménologie de l'Esprit*, t. II, *op. cit.*, p. 158).

De la même manière, pour ce qui concerne le postulat kantien de la *liberté*, Hegel critique la scission de l'exigence morale et de la nature, sous la forme de la sensibilité. Pour Kant, la nature dans son ensemble, mais aussi le rapport de la nature en moi, *ma* nature, s'oppose à la volonté morale dans sa pureté. Cette opposition, qui constitue le malheur de la conscience morale, est pourtant constitutive de la structure même de la conscience agissante. « La conscience de soi morale, écrit Hegel, propose son but comme pur, comme indépendant des inclinations et des impulsions en sorte qu'elle ait détruit à l'intérieur de soi les buts de la sensibilité. Mais cette suppression de l'essence sensible est à peine proposée qu'elle est encore déplacée par la conscience ». Ce « déplacement » implique une certaine « hypocrisie » de la conscience, qui feint de ne pas voir que seule la sensibilité consciente de soi, qu'elle prétend supprimer, est en fait le moteur même et la motivation de son action. La sensibilité constitue en fait le « moyen terme entre la conscience pure et l'effectivité, — l'instrument de la conscience pure pour son actualisation, ou l'organe ; elle est ce qui fut nommé impulsion, inclination. La conscience ne prend donc pas au sérieux la suppression des inclinations et des impulsions, puisqu'elles sont précisément la *conscience de soi en train de s'actualiser* » (*Phénoménologie de l'Esprit*, t. II, *op. cit.*, p. 161). Ainsi voit-on combien est artificielle la dissociation kantienne, dans la dialectique de l'agir concret, entre volonté et sensibilité.

Enfin, Hegel s'attachera à critiquer le troisième postulat kantien, concernant l'existence de Dieu : ce postulat en effet tente de résoudre les contradictions de la conscience morale confrontée aux nécessités de l'action. Il pose Dieu, en tant que « saint législateur du monde », comme cette conscience autre que la conscience effective, mais il ne fait ainsi que *déplacer*, dans ce qui n'est qu'une « représentation », la contradiction fondamentale de la conscience morale, écartelée entre l'exigence du pur devoir et celle de la réalité effective. Le « saint législateur » réunit ce qui était séparé en nous, le particulier et l'universel, et représente dans une conscience transcendante cette harmonie du devoir et de la réalité qui faisait déjà l'objet du premier postulat. Ainsi, la conscience *projette* hors d'elle dans une autre conscience l'unité du contenu et de la forme, du particulier et de l'universel.

C'est là une solution purement *métaphysique*, où la conscience tente de réconcilier, au moyen d'une projection dans le monde de l'au-delà, ce qu'elle avait d'abord séparé en elle. Ce postulat du « législateur divin », en effet, est nécessaire pour mettre en harmonie la nature et la moralité, ainsi que la pluralité des devoirs déterminés avec le pur devoir, le contenu avec la forme : « la conscience de soi morale tient en même temps pour inessentiels ces *multiples* devoirs, car ce qui compte c'est seulement l'*unique* pur devoir, et *pour elle* ces multiples devoirs, en tant qu'ils sont des devoirs *déterminés*, n'ont aucune vérité. Ils peuvent donc avoir leur vérité seulement dans un *Autre*, et sont, ce qu'ils ne sont pas pour la conscience de soi morale, sacrés par l'intermédiaire d'un saint législateur » (Hegel : *Phénoménologie de l'Esprit*, t. II, *op. cit.*, p. 164).

Mais l'impuissance de cette vision morale tient au fait qu'elle est une *représentation* : nous l'avons vu, l'unité du devoir et de l'effectivité est seulement *pensée*, et non accomplie. Ce Dieu que Kant réclame pour soutenir la loi morale est la *projection* de la scission interne de la conscience éthique déchirée. La conscience morale se donne la loi et se définit par elle, mais, confrontée à l'action, elle demande à Dieu de prendre en charge ce qui, dans le concret du devoir appliqué, ressortit au faillible. Dieu apparaît ainsi comme le seul être capable d'actualiser le devoir, en sorte qu'avec la référence au « saint législateur », on donne un fondement religieux à la morale. Hegel ne pourra, dès lors, que dénoncer cette référence à Dieu, « fétiche religieux » permettant les déplacements équivoques. Le mécanisme de *projection*, ici à l'œuvre, dissimule mal la tentative de la conscience déchirée pour trouver une solution dans la transcendance. Dieu est ainsi le mythe de l'homme aliéné, et cette lecture, comme on le sait, anticipe les grandes critiques de l'aliénation religieuse de la philosophie moderne, singulièrement chez Feuerbach ou Marx.

D'une manière générale, Hegel nous permet de comprendre que l'homme projette en Dieu ce qu'il n'a pas réalisé en tant qu'homme dans son propre devenir historique. Toute transcendance est une transposition dans un « arrière-monde » de contenus immanents non réalisés dans leur devenir historique réel. Une projection est ainsi une médiation qui ne s'est pas encore comprise comme telle, une médiation inconsciente de soi. C'est pourquoi, aux yeux de Hegel, la solution ne peut être que *dialectique* : là où il y a pensée conceptuelle vraie de la médiation, se supprime le besoin d'une fausse réconciliation comme médiation projetée dans l'au-delà métaphysique.

IV – Nietzsche et la méthode généalogique : une « histoire naturelle » de la morale

La dénonciation nietzschéenne des prétentions de la conscience à s'ériger en lieu ultime d'émergence du devoir prend la forme d'une analyse « généalogique » consistant à soumettre le principe d'obligation à une analyse régressive qui, en démasquant l'origine cachée des valeurs morales, en récuse le caractère d'*a priori*, et peut ainsi dénoncer le dogmatisme de la morale kantienne dans sa définition de l'impératif catégorique affecté d'une valeur absolue, universelle et nécessaire.

Nietzsche s'efforce de montrer que chaque morale constitue une « table de valeurs », un système axiologique dont l'enquête généalogique permet de manifester les soubassements instinctifs, c'est-à-dire les structures existentielles constitutives d'un « type » d'homme et de vie, ascendant ou décadent. Les véritables sources de la moralité se révèlent ainsi infra-rationnelles. La conscience morale ne fait qu'exprimer, tout en les dissimulant, les tendances profondes de notre pulsionnalité organique. La normativité constitutive de l'exigence morale n'est pas, comme l'avait cru Kant, l'*a priorité* de la raison pratique, mais bien plutôt la *valorisation* immanente de l'acte même d'exister.

La méthode généalogique permet ainsi de découvrir derrière la raison pratique une fonction des instincts qui, selon leur propre orientation, définissent des types d'hommes ou de cultures différents, animés par la peur ou le désir. L'analyse rend compte de la diversité des morales, tout en en démasquant le mobile profond : « il y a des morales qui sont destinées à justifier leur auteur aux yeux d'autrui ; d'autres à l'apaiser et à le réconcilier avec lui-même ; d'autres lui servent à se crucifier et à s'humilier ; d'autres à exercer sa vengeance, d'autres à se déguiser, d'autres à se transfigurer, à se transposer dans une sphère élevée et lointaine [...] Bref, les morales elles aussi sont une *séméiologie des passions* » (Nietzsche, *Par-delà le Bien et le Mal*, § 187, 10/18, Paris, 1965).

Dans ces conditions, le philosophe devra rompre résolument avec l'« illusion du jugement moral ». Se placer « *par-delà Bien et Mal* » consiste à prendre acte qu'« il *n'y a pas du tout de faits moraux* » ; si bien que les jugements moraux ne valent que comme *indices* d'un certain type de Volonté de Puissance, et qu'à ce titre ils permettent au moins d'identifier le type d'homme, et de vie, qui s'en réclament. C'est pourquoi « le jugement moral ne doit jamais être pris à la lettre : comme tel, il ne serait toujours que contresens. Mais comme *sémiotique* il reste inappréciable : il révèle, du moins pour celui qui sait, les réalités les plus précieuses sur les cultures et les génies intérieurs qui ne *savaient* pas assez pour se "comprendre" eux-mêmes. La morale n'est que le langage des signes, une symptomatologie » (*Crépuscule des Idoles*, « Ceux qui veulent rendre l'humanité meilleure », § 1, trad. H. Albert, Denoël-Gonthier, Paris, 1970).

Chaque morale correspond à un certain type de vie dont elle est l'expression et, pour ainsi dire, le « symptôme ». « J'appelle "morale", précise Nietzsche, un système de jugements de valeur qui est en relation avec les conditions d'existence d'un être » (*Volonté de puissance*, I, § 136). Ainsi devient-il possible d'établir une stricte corrélation entre un certain type de morale et un certain type d'homme.

Dans son maître ouvrage, au titre programmatique : *La Généalogie de la morale*, Nietzsche esquisse ainsi le sens de son projet critique : « Dans quelles conditions l'homme s'est-il inventé à son usage ces deux évaluations : le bien et le mal ? *Et quelle valeur ont-elles par elles-mêmes* ? Ont-elles jusqu'à présent enrayé ou favorisé le développement de l'humanité ? Sont-elles un symptôme de détresse, d'appauvrissement vital, de dégénérescence ? Ou bien trahissent-elles, au contraire, la plénitude, la force, la volonté de vivre, le courage, la confiance en l'avenir de la vie ? » (*La Généalogie de la morale*, avant-propos, trad. H. Albert, Mercure de France, Paris, 1964).

La généalogie ne vise donc pas seulement, selon une démarche purement descriptive, à déterminer l'*origine des valeurs*, mais aussi, et surtout, par l'exhumation des tendances instinctives qui se dissimulent derrière elles, à apprécier la *valeur de l'origine*. La méthode ne fait ici que suivre les injonctions de l'hypothèse fondamentale de Nietzsche, pour qui les déclamations morales ne font que proclamer, en les sublimant, les exigences profondes de la vie organique. Le référent ultime de l'enquête généalogique est donc constitué par la *vie*, l'instinct vital, un instinct de puissance et de conquête, mais aussi de création et d'affirmation de soi-même. Nietzsche nomme cette réalité dernière « *Volonté de puissance* » : « l'essence la plus intime de l'Être est la Volonté de Puissance » (*Volonté de puissance*, I, 217). Cette Volonté de Puissance peut se manifester selon une double orientation : ou comme créatrice, exaltant la vie, elle est alors Volonté de Puissance forte, ascendante, caractéristique des « forts » ; ou bien comme Volonté de Puissance négative, animée par le ressentiment ou la haine contre la vie, volonté de nuire et de dégrader tout ce qui participe de l'affirmation vitale. Elle est alors Volonté de Puissance faible, signe d'une âme esclave, décadente.

L'affirmation de la vie, qui est la seule réalité, selon cette double polarité, se substitue ainsi à la dichotomie du bien et du mal, et à l'affirmation dogmatique de valeurs universelles. La vie est la seule réalité ; il n'existe en vérité ni bien ni mal, ni valeurs proprement universelles. En ce sens, la morale n'est qu'une invention des faibles qui, incapables de triompher des forts sur le terrain de l'affirmation de soi, tentent pourtant de l'emporter dans l'histoire par la promulgation de règles morales flétrissant la vie, la force, les valeurs de la « grande santé ». « Qu'est-ce à proprement parler que la morale ? L'instinct de la décadence : ce sont les hommes épuisés et déshérités qui de cette façon se vengent et se comportent en maîtres » (*Volonté de puissance*, II, 129). Les faibles tentent ainsi de triompher des forts, qui sont eux-mêmes au-delà du bien et du mal, et se définissent par des valeurs aristocratiques, individualistes, guerrières. La morale, qui se détermine à partir des catégories du bien et du mal, est ainsi « une idiosyncrasie de décadents guidés par l'intention cachée de se venger de la vie » (*Ecce Homo*, trad. H. Albert, Denoël-Gonthier, Paris, 1971, p. 174).

Il devient dès lors possible de montrer que le processus de l'*intériorisation* que constitue la conscience morale résulte d'une répression sauvage des instincts. Il s'agit en effet d'« élever et discipliner un animal qui puisse *faire des promesses* » (*Généalogie de la morale*, 2ᵉ dissertation, § 1). Mais cette répression des instincts, de la sensibilité, de la sensualité, des pulsions, entraîne un retournement « en dedans » : « tous les instincts qui n'ont pas de débouché, que quelque force répressive empêche d'éclater au-dehors, *retournent en dedans* — c'est ce que j'appelle l'*intériorisation* de l'homme » (*ibid.*, § 16). Cette domestication brutale de l'homme, qui engendre « un divorce violent avec le passé animal », le constitue en animal raisonnable, doté d'une « âme », d'un « esprit ». Mais ce processus de spiritualisation, où « une âme animale » se tourne contre elle-même, est très chèrement payé : car il s'accompagne du développement de la « mauvaise conscience », d'un terrible sentiment de culpabilité. Avec la mauvaise conscience, en effet, « fut introduite la plus grande et la plus inquiétante de toutes les maladies dont l'humanité n'est pas encore guérie aujourd'hui : l'homme maladie *de l'homme, malade de lui-même* : conséquence d'un divorce violent avec le passé animal, d'un bond et d'une chute tout à la fois dans de nouvelles conditions d'existence, d'une déclaration de guerre contre les anciens instincts qui jusqu'ici faisaient sa force, sa joie et son caractère redoutable » (*ibid.*).

Partant de ce constat, le sens de la méthode généalogique se trouve précisé : il s'agit moins de remonter à une hypothétique origine temporelle de constitution des valeurs morales qu'à en manifester au grand jour le caractère usurpé : l'origine et le fondement du principe du devoir et de l'obligation se trouvent en effet dans ce monde de l'au-delà, cet arrière-monde métaphysique entièrement fabriqué par la volonté esclave, impuissante et décadente. Le « lieu » du devoir finit ainsi par se révéler sous son vrai jour : il n'est qu'une ruse pitoyable des faibles qui, désespérant de s'imposer, tentent du moins de culpabiliser les vertus de force et d'affirmation de la vie.

Démasqué par la méthode généalogique, le principe formel d'obligation perd son caractère d'*a priori* et apparaît comme le résultat d'une stratégie du ressentiment et de la volonté de vengeance des faibles sur les forts. Perdant toute prétention à l'universalité, la morale apparaît comme l'œuvre du ressentiment. En effet, l'impératif moral proclame la valeur supérieure d'un monde idéal, assimilé au Bien et au Bon, par opposition à ce monde-ci, déprécié et assimilé au Mal. L'idéal du monde est un monde idéal, au nom duquel s'exprime une condamnation sans réserve de la vie concrète et corporelle. Ainsi se constitue un « idéal ascétique », expression ultime du ressentiment et de la mauvaise conscience, dont la finalité essentielle est de discréditer la vie et tout ce qui est actif dans la vie.

L'idéal ascétique, auquel Nietzsche consacre la troisième dissertation de la *Généalogie de la morale*, est à l'origine de toutes les négations de la vie forte, et trahit une « véritable animosité, une rancune philosophique à l'égard de la sensualité » (III, § 7). Cette volonté formelle d'« aller contre nature » se propage dans l'ensemble de la culture moderne ; la dépréciation de la vie par les valeurs transcendantes n'est pas le fait de la seule morale et Nietzsche peut en montrer la mise en œuvre jusque dans le domaine de la philosophie et de l'art. La philosophie s'est constituée en métaphysique par l'instauration d'un clivage entre l'Être-vrai du monde intelligible et l'apparence illusoire du monde sensible ; et, au plan esthétique, c'est cet idéal ascétique qui amène Kant à définir le beau comme faisant l'objet d'une satisfaction *désintéressée* : « "le beau, dit Kant, c'est ce qui plaît sans que l'*intérêt* s'en mêle" ». Sans intérêt ! A cette définition comparez cette autre qui vient d'un vrai "spectateur" et d'un artiste, Stendhal, qui appelle une fois la beauté *une promesse de bonheur* » (§ 6). En vérité, l'esthétique elle-même est contaminée par l'idéal ascétique lorsque, parmi les prédicats du beau, elle avantage et met en évidence ceux qui, à ses yeux, font l'honneur de la connaissance : l'impersonnalité et l'universalité. Une telle définition est le fait d'une pensée ascétique, qui traite toute matérialité d'illusion, et lui substitue la fiction d'un « être intelligible » inspirant une dévalorisation généralisée des valeurs « terrestres ».

L'idéal ascétique réalise ce tour de force d'inventer de toutes pièces un monde de l'au-delà, et de faire paraître comme exsangue et irréel le monde de la vie. Comme Nietzsche le montre dans la première dissertation de la *Généalogie de la morale*, le ressentiment n'est qu'« une vengeance imaginaire », « une vindicte essentiellement spirituelle ». Faute de pouvoir triompher dans le monde réel, les faibles inventent cette fiction d'un monde imaginaire, d'un monde « meilleur » qui les délivre du fardeau de la vie. Par une subtile inversion des valeurs, le moralisme, idéologie affective des faibles, procède à la dénonciation des passions fortes, afin de mieux exalter les passions tristes : le désir d'affirmation de soi, de conquête, et la noble exaltation de l'individualité se trouvent dénigrés au profit des vertus de renoncement, d'humilité et d'abstention.

Ce subterfuge, qui ne fait qu'exprimer la haine de la vie, se généralise et se radicalise à l'époque de la modernité pour lui donner sa tonalité existentielle fondamentale et constituer ce que Nietzsche appelle le *nihilisme* : ce terme signifie que la vie prend une valeur de néant, parce qu'elle se voit dépréciée au profit d'une fiction, sous la figure d'un autre monde, d'un monde supra-sensible, refuge et lieu d'élection des valeurs supérieures à la vie. Ce monde suprasensible correspond en effet à ce que la métaphysique traditionnelle a décrit comme l'intelligible, comme le Bien absolu et l'origine transcendante des valeurs.

Dans ces conditions, rompre avec le nihilisme, et travailler à l'avènement d'une nouvelle conception du monde, c'est renoncer à toute moralité qui soit l'expression de l'instinct grégaire et de la faiblesse des décadents. Dès lors, il faut admettre, en dénonçant la psychologie et la morale idéalistes du XIXe siècle, le caractère contradictoire de l'existence : « Il faut être riche en opposition, écrit Nietzsche, ce n'est qu'à ce prix-là qu'on est *fécond* » (*Le Crépuscule des Idoles*, « La morale en tant que manifestation contre nature », § 3). Cette fécondité, que Nietzsche appelle de ses vœux, caractérise le *Surhomme*, dont le souci est moins de dominer les autres hommes que se dominer soi-même, conquérir le pouvoir de vouloir, et ainsi se dépasser soi-même. Le Surhomme constitue la figure emblématique du dépassement de la métaphysique et de tout idéalisme moral, dont le nihilisme trahit la secrète débilité physiologique. Ce dépassement, figuré par le Surhumain, implique le renversement, la « transvaluation de toutes les valeurs » (*Umwertung der Werte*). L'« immoralisme » de Nietzsche prendra ainsi positivement la figure du Surhomme : « Hommes supérieurs, maintenant seulement la montagne va enfanter. Dieu est mort : maintenant nous voulons que le Surhumain vive » (*Ainsi parlait Zarathoustra*, IVe partie : « De l'Homme supérieur », Aubier, Paris, 1969).

L'immoralisme nietzschéen retrouve ainsi les voies d'exigence de l'*éthique*, au sens où Nietzsche retient de l'éthique grecque le principe d'une hiérarchie de perfections. Rompant définitivement avec tout esprit de vengeance, il s'agit, en surmontant le nihilisme, de vouloir l'excellence, dans l'ordre de la création et du dépassement de soi. La « puissance » dont Nietzsche crédite le Surhomme n'est pas orientée vers la domination ou la possession, mais vers la vertu de force, la force comme vertu. Cette force, qui signe la supériorité de certains êtres, trouve son illustration dans les grandes individualités artistes dont la Grèce classique, ou, plus tard, la Renaissance, offriront quelques beaux exemples ; de tels hommes incarnent avec éclat un idéal de dépassement de l'homme par lui-même dans lequel l'existence se trouve divinisée.

Archéologie de la conscience morale

I - Les figures de la conscience morale

a) La mauvaise conscience. C'est la conscience d'un malaise, où la conscience cherche à se fuir, parce qu'elle se trouve insupportable à elle-même. Le sujet entre donc en contradiction avec lui-même ; au lieu qu'il y ait adéquation entre l'acte et le jugement sur cet acte, il y a rupture par désapprobation. Cette désapprobation se traduit par la volonté de repousser le souvenir de l'action, parce qu'il est douloureux pour la conscience présente. La mauvaise conscience témoigne donc de l'existence en nous d'une certaine possibilité que nous avons de nous juger nous-mêmes.

b) La honte. La honte est liée à la présence d'autrui ; j'ai honte dans la mesure où le regard, la parole ou le silence d'autrui me montrent que l'acte que j'ai commis ne correspond pas avec ce que je pourrais ou je devrais faire. La honte est le sentiment que je ne réponds pas à l'idée que l'autre se fait de moi. Elle a comme conséquence le désir soit de fuir la présence qui me rappelle ma faiblesse, soit de la supprimer symboliquement par la haine.

c) Le sentiment de la faute. Dans le sentiment de la faute, qui ne présuppose pas nécessairement la présence d'autrui, c'est le moi dans sa réalité et dans son histoire qui est reconnu coupable. Alors que la faute peut toujours être justifiée par une série d'arguments qui visent à me convaincre qu'elle n'était qu'accidentelle, le sentiment de la faute ne laisse subsister aucune échappatoire. Le moi tout entier est envahi par la conscience de sa culpabilité : en effet, comme l'explique Jean Nabert, « il y a un singulier contraste entre le caractère fini de l'obligation ou de l'action, et l'espèce de condamnation globale de notre être qui est solidaire du sentiment de la faute ou se confond avec lui. Quelque épisodique qu'ait été notre action, si ténu qu'ait été son lien aux options permanentes et durables du moi, elle provoque par la souffrance qu'elle engendre une remise en question totale de notre valeur. Notre effort échoue pour enclore le sentiment de la faute dans les limites de l'action qui l'a suscité. On dirait que le propre de la vie morale, en opposition aux autres formes de l'activité, est d'illimiter le retentissement sur la conscience de chacune de nos actions » (*Éléments pour une éthique*, Aubier, Paris, 1971, pp. 21-22).

On peut distinguer trois façons de vivre le sentiment de la faute :
- Le *regret* : c'est l'acte de déplorer un événement dans la mesure où il a été cause d'une certain déplaisir ou d'un échec. C'est le sentiment d'une faute passée en tant que passée, sans retentissement dans la conscience actuelle.
- Le *remords* : témoigne de la présence irréparable de la faute ; la conscience ne peut pas se débarrasser du poids de la faute.
- Le *repentir* : il suppose l'acceptation de la faute, la reconnaissance de la culpabilité, l'engagement de ne plus réitérer la faute, et, enfin, la recherche du pardon qui nous en délivre.

II - *L'origine de la conscience morale*

a) La théorie innéiste de J.-J. Rousseau. Pour Rousseau, la conscience morale, « juge infaillible du bien et du mal », est donnée par Dieu à l'homme par un effet de sa souveraine bonté. Dans la *Profession de foi du vicaire savoyard* (*Émile*, IV, Garnier, Paris, 1964), Rousseau qualifie cette conscience d'« instinct divin » : « Il est au fond des âmes un principe inné de justice et de vertu, sur lequel nous jugeons nos actions et celles d'autrui comme bonnes ou mauvaises, et c'est à ce principe que je donne le nom de conscience. » Le devoir est donc transcendant à la nature sensible et particulière de l'homme, et s'impose par son universalité. Cette conscience est indépendante de la connaissance. C'est donc avec Rousseau, dont l'influence sur Kant sera décisive, que se produit une rupture entre l'ordre du connaître et l'ordre de l'agir, rupture qui a pour conséquence la négation du fondement même, jusqu'alors classique, de la moralité : le savoir.

A cette thèse de Rousseau, plusieurs objections ont été faites :
- Le jugement moral, s'il est variable selon les civilisations, n'est donc pas inné ; il serait fonction de l'éducation. Réponse de Rousseau :

> Comme si tous les penchants de la nature étaient anéantis par la dépravation d'un peuple, et, sitôt qu'il est des monstres, l'espèce ne fût plus rien. Quelques usages incertains et bizarres, fondés sur des causes locales qui nous sont inconnues détruiront-ils l'induction générale tirée du concours de tous les peuples, opposés en tout le reste et d'accord sur ce seul point ? Oh Montaigne ! Toi qui te piques de franchise et de vérité, sois sincère et vrai, si un philosophe peut l'être, et dis moi s'il est quelque pays sur la terre où ce soit un crime de garder sa foi, d'être clément, généreux, où l'homme de bien soit méprisable et le perfide honoré ? (*Émile*, IV)

- Une autre objection est celle-ci : l'homme ne serait pas guidé par ses jugements moraux, mais par son amour-propre et son intérêt ; Rousseau répond :

> Ce serait une trop abominable philosophie que celle où l'on serait embarrassé des actions vertueuses ; où l'on ne pourrait se tirer d'affaire qu'en leur conférant des intentions basses et des motifs sans vertu ; où l'on serait forcé d'avilir Socrate et de calomnier Regulus. (*ibid.*)

- **Dernière objection** : Rousseau méconnaîtrait l'importance du facteur social, en tant que la société fournirait les valeurs morales. Quelle est la réponse de Rousseau ?

> Quoique toutes nos idées nous viennent du dehors, les sentiments qui les apprécient sont au-dedans de nous, et c'est par eux seuls que nous connaissons la convenance et la disconvenance qui existe entre nous et les choses que nous tenons respecter ou fuir. (*Émile*, IV)

Rousseau considère donc que, s'il est vrai que les lumières, c'est-à-dire les connaissances, sont acquises, il faut néanmoins postuler l'existence d'un principe qui évalue cet acquis, qui prenne position en l'acceptant ou en le refusant.

II - La conscience morale comme produit de l'expérience

a) La théorie empiriste. C'est une attitude selon laquelle la connaissance vient de l'expérience et ne peut venir que d'elle ; selon la formule de Locke, « il n'y a rien dans l'intelligence qui n'ait été d'abord dans les sens ». L'empirisme explique donc la conscience morale du dehors, par l'expérience, sous la forme plus précise de l'éducation. C'est ainsi que l'éducation provoquerait en nous un certain nombre de mécanismes associatifs : à certains actes seraient associés certains jugements sur ces actes, par exemple le bien serait associé au plaisir de la récompense, et le mal à la souffrance causée par la punition.

Une telle interprétation est-elle recevable ? Il est certain qu'avant l'acquisition de la raison, un certain nombre de disciplines s'acquièrent selon des mécanismes d'association. Il est donc vrai, dans une certaine mesure, de dire que pour l'enfant les notions de bien et de mal sont liées à l'agrément ou au désagrément provoqués par l'approbation ou la désapprobation des parents ou éducateurs. Mais ces jugements critiques, qui se traduisent par un système de récompenses ou de sanctions, supposent, chez ceux qui les appliquent, des évaluations premières, elles-mêmes transmises. Notons enfin que récompenses et punitions ne sont pas reçues passivement ; même l'enfant peut juger le jugement des autres.

b) La théorie sociologique. Pour les sociologues, les valeurs morales sont définies comme l'expression des valeurs du groupe. Si chaque société possède une manière collective de sentir, de penser et d'agir, la conscience morale résulterait de l'intériorisation des valeurs collectives. Les valeurs seraient donc apprises ; et cet apprentissage s'effectuerait par la participation de l'individu au groupe, par l'intermédiaire des institutions.

Que peut-on penser de cette thèse ? Certes, l'influence des représentations collectives est indiscutable. Mais de ce que la conscience collective forme une personnalité, a-t-on le droit d'identifier la notion de *personnalité*, concept psycho-pédagogique, avec la notion de *conscience morale* ? En effet, si l'on opère la confusion entre ces deux notions, on se trouve contraint d'admettre que l'adaptation d'un individu à son milieu définit le seul critère moral, et que l'immoralité se définit par l'adoption de valeurs étrangères au groupe. Nous devrions admettre le principe d'une équivalence sémantique totale entre adaptation, normalité et moralité. Or cette série d'égalités se montre spécieuse : il existe des individus qui, contestant les valeurs de groupe, témoignent que la conscience morale vient d'une autre source que l'intériorisation des valeurs collectives (cf. chez Bergson, la « morale du héros », dans *Les Deux Sources de la morale et de la religion*, par exemple). De même, une manière d'agir conforme aux lois et coutumes peut déclencher la réprobation des consciences.

c) La théorie freudienne. Selon Freud, le type même de l'obligation morale, c'est le *Tabou*, objet sacré, inviolable, objet à la fois de crainte et de respect. Il y a donc deux forces en conflit vis-à-vis du tabou : d'une part, la peur, occasionnée par son caractère sacré, d'autre part l'attirance, le respect, la fascination. L'obligation morale découlerait de mon attitude vis-à-vis de l'objet tabou, parce qu'elle en dériverait les deux caractères : celui du désirable et celui du contraignant. Le Tabou primordial, modèle de tous les tabous est pour Freud la prohibition de l'inceste mis en évidence dans la situation œdipienne, situation qui se déroule selon un double mouvement : agressivité contre le parent à l'égard duquel mon désir me met en position de rival, accompagnée de la crainte d'une agression en retour ; sacrifice des pulsions à l'égard du parent du sexe opposé, et identification au parent du même sexe, qui devient l'« idéal du moi ».

En effet, l'enfant acquiert, d'un côté, l'intuition d'une certaine situation interdite, et, d'un autre côté, la perception, par des signes diffus ou des hasards, de l'existence des relations parentales ; dès lors, le parent du même sexe lui apparaît à la fois comme l'agent de l'interdiction sexuelle et comme l'exemple de la transgression. D'où un double désir chez l'enfant : celui de supprimer le père (en tant qu'agent de l'interdiction), et celui de le remplacer (en tant qu'agent de la transgression). L'intériorisation de cet interdit parental représente la « troisième instance de la personnalité », le « surmoi ». La conscience morale serait ainsi le résultat de cette première forme fondamentale de l'autorité parentale.

Conclusion

La conscience morale, en tant qu'elle s'inscrit dans la personnalité globale, porte donc la marque de sa constitution caractériologique, de l'histoire de l'enfance et des représentations collectives. Elle est donc conditionnée par des facteurs d'ordre biologique, psychologique et sociaux. « Conditionnée », mais non *déterminée*, dans la mesure où elle met en question ces conditions elles-mêmes. *Il semblerait donc qu'elle ne soit pas réductible à ses conditions d'apparition : la conscience morale déborde toujours le fait par la pétition d'universalité.* L'impératif moral (*devoir-être*) est transcendant au donné. La biologie, la psychologie ou la sociologie ne peuvent pas rendre compte de ce fait, à savoir que l'homme est toujours plus que la somme de ses conditions.

L'exigence morale, irréductiblement inscrite au cœur de l'homme, témoigne de son pouvoir de négation et de dépassement de l'ordre du vécu immédiat. La revendication éthique, à laquelle l'homme soumet l'ensemble de son comportement, exprime la volonté de sens, par laquelle il s'inscrit définitivement en rupture avec le règne de l'« innocence animale ». Animal « métaphysique », l'homme ne cesse de se mettre en question, et d'interroger le sens de sa propre pratique, dans une réévaluation constante de son horizon éthique. L'éthique n'est rien d'autre que cette démarche de radicalisation de la réflexion et de l'action, par laquelle l'homme ne cesse de creuser la distance qui le sépare de l'immédiateté sensible.

En ce sens, le formalisme, si souvent reproché à Kant, représente pourtant un acquis définitif de la réflexion philosophique sur le sens de l'exigence éthique. Les critiques hégélienne ou nietzschéenne, dans cette perspective, doivent être comprises comme dénonçant d'abord le « moralisme », dans sa duplicité et son hypocrisie ; par là, elles délivrent la morale authentique de ce qui la contrefait ; l'intention morale ne peut s'achever et trouver sa vérité que dans son effectuation comme morale concrète, dans l'action réalisée, par un jugement pratique « en situation ». Si l'impératif catégorique, en tant qu'expression de la normativité de la raison, ne saurait être dérivé de l'expérience, qui nous dit ce qui est et non ce qui *doit être*, il reste que c'est seulement dans l'expérience concrète que cet absolu de la loi morale trouve sa valeur et sa légitimité.

D'un autre côté, ce rappel à l'ordre, émanant des penseurs du « soupçon » dans leur charge critique contre l'idéalisme moral, ne doit pas nous faire oublier combien la décision morale ne saurait se dispenser du recours à l'*a priori* formel, où elle trouve le critère indispensable de son évaluation. En effet, loin de faire obstacle à l'action morale, le processus de formalisation par la soumission à la règle d'universalisation en constitue au contraire la condition de possibilité ; renoncer au principe d'universalité reviendrait nécessairement à cautionner les demandes égoïstes et violentes émanant des volontés particulières, cherchant avant tout à satisfaire leurs revendications privées. Confrontée depuis toujours aux figures du mal dans la dimension intersubjective, la morale réplique à la violence par le principe de l'obligation, dont Kant a montré qu'en tant que commandement de la raison, il devait nécessairement prendre la forme négative de l'interdiction. La volonté n'aurait pas à se soumettre si elle n'était sensible, pathologiquement affectée, autant que libre. Mais ce caractère négatif constitue l'envers de l'obligation éthique fondamentale, qui réside dans la reconnaissance du caractère sacré de la personne humaine.

Le respect, sentiment éthique qui soumet nos penchants à la loi de la raison, pose l'existence d'autrui comme valeur absolue, c'est-à-dire comme *personne* : l'obligation et la position d'autrui s'affirment corrélativement. Dans cet acte d'*autonomie*, où la raison se place librement sous la juridiction de la loi morale, le sujet pratique administre la preuve la plus irréfutable de sa liberté.

Textes commentés

La vertu comme juste moyenne

« Ainsi tout homme averti fuit l'excès et le défaut, recherche la bonne moyenne et lui donne la préférence, moyenne établie non relativement à l'objet, mais par rapport à nous. De même toute connaissance remplit bien son office, à condition d'avoir les yeux sur une juste moyenne et de s'y référer pour ses actes. C'est ce qui fait qu'on dit généralement de tout ouvrage convenablement exécuté qu'on ne peut rien lui enlever, ni rien lui ajouter, toute addition et toute suppression ne pouvant que lui enlever de sa perfection et cet équilibre parfait la conservant. Ainsi encore les bons ouvriers œuvrent toujours les yeux fixés sur ce point d'équilibre. Ajoutons encore que la vertu, de même que la nature, l'emporte en exactitude et en efficacité sur toute espèce d'art ; dans de telles conditions, le but que se propose la vertu pourrait bien être une sage moyenne. Je parle de la vertu morale qui a rapport avec les passions et les actions humaines, lesquelles comportent excès, défaut et sage moyenne. Par exemple, les sentiments d'effroi, d'assurance, de désir, de colère, de pitié, enfin de plaisir ou de peine peuvent nous affecter ou trop ou trop peu, et d'une manière défectueuse dans les deux cas. Mais si nous éprouvons ces sentiments au moment opportun, pour des motifs satisfaisants, à l'endroit de gens qui les méritent, pour des fins et dans des conditions convenables, nous demeurerons dans une excellente moyenne, et c'est là le propre de la vertu : de la même manière, on trouve dans les actions excès, défaut et juste moyenne. Ainsi donc la vertu se rapporte aux actions comme aux passions. Là l'excès est une faute et le manque provoque le blâme ; en revanche, la juste moyenne obtient des éloges et le succès, double résultat propre à la vertu. La vertu est donc une sorte de moyenne, puisque le but qu'elle se propose est un équilibre entre deux extrêmes... La vertu est donc une disposition acquise volontaire, consistant par rapport à nous, dans la mesure, définie par la raison conformément à la conduite d'un homme réfléchi. Elle tient la juste moyenne entre deux extrémités fâcheuses, l'une par excès, l'autre par défaut. »

Aristote, *Éthique à Nicomaque*, II, chap. VI, 1106 b – 35.
Trad. J. Voilquin, © Garnier-Flammarion, Paris, 1965.

Dans les chapitres V et VI de l'*Éthique à Nicomaque*, Aristote définit la *vertu* comme n'étant ni une passion, ou un état affectif (comme la colère, la peur, la joie, la haine, etc.), ni une possibilité d'éprouver telle ou telle de ces passions, mais une *disposition acquise* (*hexis*), c'est-à-dire une manière d'être habituelle s'accompagnant d'un choix réfléchi. La vertu cardinale définissant l'homme sensé et prudent consiste dans une *juste mesure* entre deux conduites déficientes, l'une par excès, l'autre par défaut.

L'analyse aristotélicienne ne laisse ainsi aucune place à une éventuelle « psychologie » ; c'est dans le cadre d'une *éthique* que la question de la vertu se pose, parce qu'elle constitue la disposition acquise à discerner, dans un contexte donné, les conditions de l'action sensée. Celle-ci se situe dans un point d'équilibre entre excès et défaut, dans toutes les circonstances typiques de la conduite de la vie. La vertu est le choix de la « mesure », c'est-à-dire ce qui ne comporte ni exagération, ni défaut, dans quelque contexte que ce soit. Cette « mesure » ne saurait se réduire à une simple moyenne selon la proportion mathématique, du fait que cette mesure est variable selon les individus et le domaine d'application considéré. C'est pourquoi la vertu morale est une « sage moyenne », qui ne récuse pas tant les sentiments passionnels qu'elle ne les adapte à la circonstance et les applique au moment opportun. Que cette « vertu » ne puisse être l'objet d'aucune science tient au fait que la vertu n'est assimilable à aucune *exactitude* relevant d'un savoir à caractère scientifique. C'est du reste la raison pour laquelle la définition de la vertu implique chez Aristote une certaine « personnification », en tant qu'elle est moins un Idéal intelligible, une norme transcendante, qu'elle ne réfère à la conduite d'un homme considéré dans la singularité de son existence concrète. Ce n'est donc pas tant la prudence en général (qui ne semble pas pouvoir être définie) que *l'homme prudent lui-même* qui doive ici servir de norme éthique. Cette disposition vertueuse doit être habituelle : elle ne peut s'acquérir qu'à force de pratique, par laquelle la vertu devient disposition personnelle du sujet. Les vertus sont des dispositions stables qui finissent par déterminer durablement le caractère. Cette constitution subjective explique que le modèle de l'action droite ne peut être qu'un homme droit qui, incarnant la vertu, inspire à ses contemporains la disposition à agir selon le bien.

Les fins et les devoirs

« Quelles sont les fins qui sont en même temps des devoirs ?
Ces fins sont : *ma perfection propre* et le *bonheur d'autrui*. On ne peut inverser la relation de ces termes et faire du *bonheur personnel* d'une part, lié à la *perfection d'autrui* d'autre part, des fins qui seraient en elles-mêmes des devoirs pour la même personne.
Le *bonheur personnel*, en effet, est une fin propre à tous les hommes (en raison de l'inclination de leur nature), mais cette fin ne peut jamais être regardée comme un devoir, sans que l'on se contredise. Ce que chacun inévitablement veut déjà de soi-même ne peut appartenir au concept du *devoir*; en effet le devoir est une *contrainte* en vue d'une fin qui n'est pas voulue de bon gré. C'est donc se contredire que de dire qu'on est *obligé* de réaliser de toutes ses forces son propre bonheur.
C'est également une contradiction que de me prescrire comme fin la *perfection* d'autrui et que de me tenir comme obligé de la réaliser. En effet la *perfection* d'un autre homme, en tant que personne, consiste en ce qu'il est capable de se proposer *lui-même* sa fin d'après son concept du devoir, et c'est donc une contradiction que d'exiger (que de me poser comme devoir) que je doive faire à l'égard d'autrui une chose que lui seul peut faire. »

Kant, *Métaphysique des mœurs : Doctrine de la vertu*, introduction, IV, trad. A. Philonenko, © Vrin, Paris, 1968, p. 56.

Dans son souci d'agir moralement, la raison pratique doit déterminer la nature des fins qui, en tant que buts de ses actions, peuvent être considérées comme des devoirs, universellement valables. On peut ainsi être amené à distinguer les fins *subjectives*, qui reposent sur des *mobiles*, et sont particulières, et les fins *objectives*, qui tiennent à des *motifs* valables pour tout être raisonnable. Une fin objective nous est imposée par la simple raison.

Kant distingue ici deux fins susceptibles de constituer des devoirs : ma *perfection propre* et le *bonheur d'autrui*. L'inversion de ces termes serait contradictoire eu égard au caractère désintéressé, mais aussi contraignant par rapport à l'affectivité, de l'action morale. Le bonheur personnel ne peut s'offrir comme fin morale dans la mesure où la nature humaine le recherche spontanément : il n'y a pas de sens à présenter comme un devoir, c'est-à-dire un commandement de la raison pratique, une contrainte de la volonté soumettant les penchants, la tendance irréductible de la nature humaine à rechercher le bonheur. Le bonheur personnel ne saurait donc être considéré comme une fin qui soit en même temps un devoir. Par contre, le bonheur d'autrui est un devoir : comme le montre Kant dans la deuxième section de la *Métaphysique des mœurs*, le respect de l'humanité comme fin en soi, qui s'impose à moi au titre d'impératif catégorique, me prescrit absolument de m'efforcer à favoriser, autant qu'il m'est possible, les fins morales des autres hommes.

De la même manière, autant le souci de mon propre perfectionnement, dans l'ordre de la culture, c'est-à-dire le développement de mes facultés (l'entendement et la volonté morale) constitue un devoir, autant la perfection d'autrui ne relève que de sa propre volonté, et ne saurait, à ce titre, s'imposer à moi en tant que devoir. Le caractère d'obligation, propre au devoir, ne peut valoir à propos d'une fin par nature inaccessible. Prendre pour fin la perfection d'autrui et s'en faire un devoir constitue ainsi une contradiction.

Morale et formalisme

« Autant il est essentiel de souligner la détermination pure de la volonté par soi, sans condition, comme la racine du devoir et autant, par conséquent, il est vrai de dire que la reconnaissance de la volonté a attendu la philosophie kantienne pour gagner son fondement solide et son point de départ, autant l'affirmation du point de vue simplement moral qui ne se transforme pas en concept de moralité objective réduit ce gain à un vain formalisme et la science morale à une rhétorique sur le devoir en vue du devoir. De ce point de vue, aucune doctrine immanente du devoir n'est possible. On peut bien emprunter une matière au dehors, et arriver ainsi à des devoirs particuliers, mais de cette définition du devoir comme absence de contradiction ou comme accord formel avec soi, qui n'est rien d'autre que l'affirmation de l'indétermination abstraite, on ne peut passer à la définition des devoirs particuliers et, quand un contenu particulier de conduite vient à être considéré, le principe ci-dessus ne fournit pas de critérium pour savoir si c'est un devoir ou non. Au contraire, toute conduite injuste ou immorale peut être justifiée de cette manière. La formule kantienne plus précise : la capacité pour une action d'être représentée comme maxime universelle, introduit sans doute la représentation plus concrète d'un état de fait, mais ne contient pour soi pas d'autre principe nouveau que ce manque de contradiction et l'identité formelle. Qu'aucune propriété n'existe ne contient pour soi pas plus de contradiction que le fait que ce peuple, cette famille, etc., n'existent pas ou bien qu'absolument aucun homme ne vive. Si, par ailleurs, il est posé pour soi-même et supposé que la propriété et la vie humaine doivent être respectées, alors c'est une contradiction d'accomplir un meurtre ou un vol ; une contradiction ne peut se produire qu'avec quelque chose, c'est-à-dire avec un contenu qui est déjà établi d'avance comme principe ferme. Ce n'est que par rapport à un tel principe que l'action est ou en accord ou en contradiction. Mais le devoir qui doit être voulu seulement comme tel et non en vue d'un contenu, l'identité formelle, ce sera d'éliminer précisément tout contenu et toute détermination. »

Hegel, Principes de la philosophie du droit, § 135.
Trad. A. Kaan, © Gallimard, Paris, 1966.

Si le mérite revient à Kant d'avoir situé la racine du devoir dans l'autodétermination de la volonté, c'est-à-dire dans la liberté comme autonomie, il faut par contre, estime Hegel, lui reprocher le caractère purement formel d'une morale impuissante à déterminer le contenu concret du devoir. Le formalisme de la morale en fait ainsi une « rhétorique », c'est-à-dire invocation du pur devoir, de l'action accomplie par pur respect pour la loi morale universelle. La notion de devoir s'identifie à l'universalité abstraite, c'est-à-dire non déterminée par un contenu concret particulier, et ne peut donc aider l'agent humain individuel, engagé dans une situation concrète, à agir réellement dans le monde. Le critère formel de non-contradiction, auquel est assujettie la maxime de mon action, ne permet aucunement de préciser en quoi doit consister le contenu de mon action.

Cette impuissance de la morale formelle présente un risque majeur : l'universalité morale risque en effet de n'être que la justification sophistique de n'importe quelle action empirique. La morale peut être amenée à justifier n'importe quel acte, même le plus injuste, du fait de la séparation de l'exigence d'universalité, d'une part, et de l'acte réel, d'autre part, qui restent sur deux plans différents. La non-contradiction entre l'action du sujet individuel et la loi universelle devient un postulat purement théorique, irréalisable en fait dans l'action concrète. La décision, inhérente à toute action, court ainsi le risque de l'arbitraire : loin de faire le bien, le sujet fait le mal.

La dernière partie du texte montre à quel point le critère formel de l'identité comme accord formel avec soi et le principe de non-contradiction sont impuissants à déterminer la moralité de l'action. Dans la mesure où il ne peut y avoir contradiction que par rapport à un contenu, une donnée matérielle préalablement posés et valorisés, le devoir, au sens kantien, qui prétend éliminer tout contenu, ne peut donc prescrire absolument aucune action concrète.

Le vol ou le meurtre ne sont des fautes que si l'on pose d'abord, à titre d'états de fait à respecter absolument, la propriété et la vie humaine ; ce n'est qu'à cette condition que l'accomplissement du vol ou du meurtre deviennent des contradictions, c'est-à-dire des fautes.

Telle est donc l'insuffisance d'une morale formelle, prétendant se définir par l'absence de détermination, et la nécessité, selon Hegel, de passer au stade d'une « moralité objective » prenant en compte l'inscription de l'action morale dans le contexte social et politique.

Morale et décadence

« Celui qui découvre la morale a découvert, en même temps, la non-valeur de toutes les valeurs auxquelles on croit et auxquelles on croyait. Il ne voit plus rien de vénérable dans les types les plus vénérés de l'humanité, dans ceux mêmes qui ont été *canonisés*, il y voit la forme la plus fatale des êtres malvenus, fatale, parce qu'elle *fascine*... La notion de "Dieu" a été inventée comme antinomie de la vie, — en elle se résume, en une unité épouvantable, tout ce qui est nuisible, vénéneux, calomniateur, toute l'inimitié contre la vie. La notion de l'"au-delà" du "monde-vérité" n'a été inventée que pour déprécier le *seul* monde qu'il y ait, — pour ne plus conserver à notre réalité terrestre aucun but, aucune raison, aucune tâche ! La notion de l'"âme", l'"esprit" et en fin de compte même de l'"âme immortelle", a été inventée pour mépriser le corps, pour le rendre malade — "sacré" — pour apporter à toutes les choses qui méritent du sérieux dans la vie — les questions de nourriture, de logement, de régime intellectuel, les soins à donner aux malades, la propreté, la température — la plus épouvantable insouciance ! Au lieu de la santé, le "salut de l'âme" — je veux dire une folie circulaire qui va des convulsions de la pénitence à l'hystérie de la Rédemption ! La notion du "péché" a été inventée en même temps que l'instrument de torture qui la complète, le "libre-arbitre" pour brouiller les instincts, pour faire de la méfiance à l'égard des instincts une seconde nature ! Dans la notion du "désintéressement", du "renoncement à soi" se trouve le véritable emblème de la décadence. L'attrait qu'exerce tout ce qui est nuisible, *l'incapacité* de discerner son propre intérêt, la destruction de soi sont devenus des qualités, c'est le "devoir", la "sainteté", la "divinité" dans l'homme ! Enfin — et c'est ce qu'il y a de plus terrible — dans la notion de l'homme *bon*, on prend parti pour ce qui est faible, malade, mal venu, pour tout ce qui souffre de soi-même, pour tout ce qui *doit disparaître*. La loi de la *sélection* est contrecarrée. De l'opposition à l'homme fier et d'une bonne venue, à l'homme affirmatif qui garantit l'avenir, on fait un idéal. Cet homme devient l'homme *méchant*... Et l'on a ajouté foi à tout cela, *sous le nom de morale !* »

Nietzsche, *Ecce Homo* : « *pourquoi je suis une fatalité* », § 8.
Trad. H. Albert, © Mercure de France, 1971, pp. 165 à 167.

Ce texte a pour projet la démystification de la valeur en général et des valeurs morales en particulier. Démasquer, ici, consiste à faire la généalogie des valeurs et en montrer le caractère dérivé, en tant qu'expressions déguisées du type décadent de la volonté de puissance. Ces valeurs ont été inventées dans l'histoire et ont une fonction : discréditer le corps et le monde de la vie. Car l'ordre de la vie est celui de la force conquérante. La morale, qui condamne la vie, repose sur un système de valeurs idéales dont se réclament les faibles, incapables de s'affirmer dans l'existence. L'idéalisme moral dans son ensemble constitue ainsi une véritable machine de guerre dirigée contre la race des forts. La spiritualité n'est que de la maladie, qui exprime la peur de vivre. La notion même de « Dieu » participe de cet arsenal de notions métaphysiques, comme celles d'« esprit », d'« âme », de « sacré », destinées à dénigrer le seul monde existant, celui de notre « réalité terrestre ».

L'analyse généalogique permet ainsi de démasquer l'hypocrisie du moralisme, dont elle met au jour le procédé d'inversion : si la vie est calomniée par l'idéal, la valeur est toujours la négation de la vie. C'est donc la vie qui doit reprendre ses droits, dans une affirmation de la force des instincts, conformément au principe vital de la sélection naturelle, qui voit le fort, l'« homme fier », l'emporter sur le faible et le malade. L'inversion morbide des valeurs, constitutive de la décadence de la volonté de puissance faible, est illustrée par le principe du « désintéressement » et du « renoncement à soi » où le sacrifice de soi devient valeur suprême et approximation de la « sainteté ». Dans sa lutte intérieure avec lui-même, le type de l'homme régressif, effrayé par la puissance de ses propres instincts, s'efforce ainsi de les diaboliser et d'en faire l'emblème du mal, le chiffre du péché.

Le renversement opéré par la méthode généalogique vise donc à montrer le foyer d'origine des valeurs et leur rationalité alléguée dans la volonté de vengeance des faibles et des déshérités de la vie. En opérant cette dénonciation de la fable morale, pure invention au service de la négation de la vie, Nietzsche veut plaider pour la réhabilitation de la figure de l'homme supérieur, et de la « grande santé », c'est-à-dire de la réaffirmation de l'instinct de force, de conquête et de création, dans le dépassement de soi.

Morale statique et morale dynamique

« Il y a une morale statique, qui existe en fait, à un moment donné, dans une société donnée, elle s'est fixée dans les mœurs, les idées, les institutions ; son caractère obligatoire se ramène, en dernière analyse, à l'exigence, par la nature, de la vie en commun. Il y a d'autre part une morale dynamique, qui est élan, et qui se rattache à la vie en général, créatrice de la nature qui a créé l'exigence sociale. La première obligation, en tant que pression, est infra-rationnelle. La seconde, en tant qu'aspiration, est supra-rationnelle. Mais l'intelligence survient. Elle cherche le motif de chacune des prescriptions, c'est-à-dire son contenu intellectuel ; et comme elle est systématique, elle croit que le problème est de ramener tous les motifs moraux à un seul. Elle n'a d'ailleurs que l'embarras du choix. Intérêt général, intérêt personnel, amour-propre, sympathie, pitié, cohérence rationnelle, etc., il n'est aucun principe d'action dont on ne puisse déduire à peu près la morale généralement admise. Il est vrai que la facilité de l'opération, et le caractère simplement approximatif du résultat qu'elle donne, devraient nous mettre en garde contre elle. Si des règles de conduite presque identiques se tirent tant bien que mal de principes aussi différents, c'est probablement qu'aucun des principes n'était pris dans ce qu'il avait de spécifique. Le philosophe était allé le cueillir dans le milieu social, où tout se compénètre, où l'égoïsme et la vanité sont lestés de sociabilité : rien d'étonnant alors à ce qu'il retrouve en chacun d'eux la morale qu'il y a mise ou laissée. Mais la morale elle-même reste inexpliquée, puisqu'il aurait fallu creuser la vie sociale en tant que discipline exigée par la nature, et creuser la nature elle-même en tant que créée par la vie en général. On serait ainsi arrivé à la racine même de la morale, que cherche vainement le pur intellectualisme. »

Bergson, *Les Deux Sources de la morale et de la religion*, éd. du Centenaire, © P.U.F., Paris, 1970, p. 1204.

Bergson distingue ici deux types de morales : la morale « statique » correspond à la société « close », dans laquelle l'obligation représente la pression que la société, qui ne vise qu'à se conserver, exerce sur l'individu au moyen d'un système d'habitudes plus ou moins assimilable à l'instinct. Cette pression s'exprime à travers un ensemble de prescriptions sociales impersonnelles que Bergson appelle le « tout de l'obligation ». D'autre part, la morale « dynamique », qui renvoie à la société « ouverte », se caractérise par l'aspiration et l'élan : c'est celle des grandes individualités morales, les saints, les sages et les héros, qui, se portant vers l'humanité en général dans un élan d'amour, lancent un appel à la conscience de chacun et mobilisent les foules, non par référence à une doctrine mais par l'efficace propre d'une émotion.

Si la morale statique est « infra-rationnelle » c'est qu'elle s'impose à l'individu, du fait de la pression de la société, avant toute réflexion. La morale « dynamique », quant à elle, est « supra-rationnelle », au sens où l'émotion qu'elle propage peut se traduire en un très grand nombre d'idées ou de théories rationnelles.

Dans les deux cas, une explication purement « intellectualiste » de la morale, c'est-à-dire prétendant fonder l'obligation sur une prescription de l'intelligence ou de la raison (à la manière de Kant, par exemple) se trouve récusée. Certes, la nature a doté l'homme de l'intelligence, comme l'animal de l'instinct. D'où l'illusion, relayée par la plupart des philosophies morales, que la source de l'obligation se trouve dans la raison et que toute conduite morale doit pouvoir être ramenée à un motif premier entièrement rationnel.

Mais cette tentative est vouée à l'échec : l'action ne relève pas tant, en effet, de l'intelligence que de la *volonté*. Aucun idéal, quel qu'il soit, ne saurait, à lui seul, créer une obligation impérieuse. Seule, une *émotion*, se prolongeant en élan du côté de la volonté, constitue une force créatrice capable de nous faire agir : il y aura toujours loin, estime Bergson, de l'adhésion de l'intelligence à une doctrine ou à des principes rationnels à une conversion de la volonté. C'est pourquoi le « pur intellectualisme » se condamne à ignorer l'essence de l'obligation et à en méconnaître la dualité d'origine dans la pression sociale et l'élan d'amour, comme deux manifestations complémentaires de la vie. Toute morale, pression ou aspiration, est ainsi d'essence biologique et non rationnelle.

Dissertations

L'obligation morale peut-elle se réduire à l'obligation sociale ?

PLAN

Introduction : l'exigence d'universalité animant la conscience morale peut-elle coïncider avec la particularité des mœurs ?

I – La pression de la morale de groupe

a) Valeurs morales et pression sociale
b) Négation de l'autonomie de la personne
c) L'intériorisation des valeurs collectives

Transition : personnalité psycho-sociale et conscience morale

II – L'autonomie de la conscience morale

a) Exigence d'universalité et contexte social
b) Principes moraux et valeurs sociales
c) Autonomie et universalisation de la conscience morale

Transition : formalisme moral et conflits de devoirs

III – Obligation morale et sagesse pratique

a) La vie morale en situation
b) La conscience morale comme instance critique
c) La sagesse pratique comme médiation

Conclusion : morale pure et morales concrètes

Introduction

Chaque société, constituant une manière collective de sentir et de penser, se définit par son propre système de valeurs. L'enquête anthropologique nous confronte au fait de la pluralité des cultures, suscitant le sentiment d'une relativité des valeurs. Mais l'exigence morale, expression de la prétention universaliste de la raison, peut-elle se reconnaître et se satisfaire dans la particularité des mœurs ? La moralité se réduit-elle à l'acceptation des règles établies ?

I - La pression de la morale de groupe

a) Toute société impose à ses membres des règles de vie constituant les valeurs du groupe ; les mœurs constituent ainsi des normes qui nous apparaissent à la fois comme fait et valeur.

b) Dans une perspective de ce type, à caractère sociologique, la valeur coïncide avec l'hétéronomie de la prescription collective, au point que, comme l'écrit Bergson : « chacun de nous appartient à la société autant qu'à lui-même » (Bergson, *Les Deux Sources de la morale et de la religion*, P.U.F., édition du Centenaire, Paris, 1970, p. 986).

c) La genèse de la vertu se comprend en référence à l'éducation, et, plus généralement, l'apprentissage s'opère par intériorisation des valeurs collectives, par le biais des institutions.

II - L'autonomie de la conscience morale

a) On ne saurait pourtant confondre un ordre social donné, à titre de *fait*, et l'*idéal* moral, qui est de l'ordre de la *valeur*. Respecter l'opposition irréductible du *fait* et du *droit*, c'est refuser d'ériger les impératifs sociaux en Absolu.

b) La société nous donne des *valeurs*, objets de croyance et d'adhésion collective, étroitement dépendantes des mœurs. Mais l'obligation morale ne peut se réduire à une croyance en quelque contenu social que ce soit, elle relève de *principes* universels et inconditionnés dictés par sa raison au sujet moral. Si la société s'impose par la contrainte, l'obligation concerne une liberté.

c) Contrairement à la morale sociale, qui inspire le conformisme, l'obligation n'a de sens que pour une conscience autonome, qui n'en réfère qu'à la loi universelle de la raison. La règle formelle est irréductible aux valeurs « matérielles ». La conscience morale subordonne ainsi la légalité à la moralité.

Mais la difficulté est d'inscrire la loi morale dans les faits, au plan de l'agir concret : n'y a-t-il pas une distance entre l'injonction abstraite de la règle et l'intimation effective de l'action concrète ?

III - Obligation morale et sagesse pratique

a) Toute vie éthique est « en situation », exposée aux conflits de devoirs résultant bien souvent de la rencontre d'exigences morales contradictoires ; Hegel a pu ainsi faire du conflit opposant Antigone et Créon, dans la tragédie de Sophocle, le symbole même du tragique de l'action, auquel tout agent pratique peut se trouver confronté. Aux dilemmes de l'action, le principe de l'universalité n'apporte pas de réponse.

b) Le conflit de devoir est précisément ce qui nous élève à la réflexion morale, par laquelle la conscience exerce sa fonction critique et, telle Antigone, oppose aux impératifs sociaux la loi supérieure de l'exigence éthique universelle qui l'habite. La conscience morale se pose ainsi souverainement comme une instance de jugement supérieure à tout « Esprit du temps ».

c) En tout état de cause, il s'agit d'éviter l'affrontement entre la prétention universaliste de la morale formelle de l'obligation et la reconnaissance des valeurs positives enracinées dans le contexte historique et communautaire, puisque la morale ne peut prendre vie que dans le monde vivant, c'est-à-dire dans l'histoire réelle, et non dans le ciel intelligible des pieuses invocations. C'est pourquoi la médiation pratique susceptible de surmonter l'antinomie relève de la *sagesse pratique* du jugement en situation : cette sagesse est *prudence*, au sens aristotélicien, en ce qu'elle sait toujours avoir affaire à *cette* situation, et s'efforce de s'y adapter au mieux, sans rien renier, si possible, des exigences morales les plus formelles.

Conclusion

Comme l'écrit Éric Weil, il ne suffit pas de vouloir la morale, il s'agit d'être moral, et l'on ne peut l'être en dehors d'une communauté déterminée et historique. D'un autre côté, l'immanence de la moralité concrète ne saurait combler l'exigence d'universalisation qui anime l'aspiration éthique. La morale n'est pas seulement ce qui est reconnu comme règle dans et par une communauté, mais elle ne peut tendre à sa réalisation la plus grande qu'à l'aide et par la médiation de morales concrètes.

Pistes à suivre :
- H. Arendt, *La Condition de l'homme moderne*, Presses-Pocket, 1988.
- H. Bergson, *Les Deux Sources de la morale et de la religion*, P.U.F., 1984.
- Descartes, *Discours de la méthode* (cf. la « morale provisoire », dans la 3e partie), G.-F., 1989.
- Hegel, *Principes de la philosophie du droit*, Gallimard, 1940.
- M. Foucault, *Le Souci de soi*, Gallimard, 1984.
- J. Piaget, *Le Jugement moral chez l'enfant*, P.U.F., 1973.
- E. Weil, *Philosophie morale*, Vrin, 1969.

Y a-t-il un devoir d'être heureux ?

> **PLAN**
>
> *Introduction* : la maxime, subjective, du bonheur peut-elle être universalisée ?
>
> I – Le bonheur comme souverain bien
> a) Le bonheur comme bien suprême réalisable
> b) La vertu comme bonheur même
> c) Bonheur et vie contemplative
>
> *Transition* : le désir de satisfaction peut-il fournir le fondement de la vie morale ?
>
> II – L'antinomie du bonheur et de la morale
> a) Le bonheur, finalité intéressée
> b) L'indétermination du concept de bonheur
> c) Le bonheur, impératif hypothétique
>
> *Transition* : la morale exige-t-elle de renoncer au bonheur ?
>
> III – Le bonheur comme devoir indirect
> a) Bonheur et raison pratique
> b) Le bonheur, condition d'accomplissement du devoir
> c) La dignité et l'espérance du bonheur
>
> *Conclusion* : non-positivité du bonheur, idéal de dignité

Introduction

La question posée présente toutes les apparences d'un paradoxe : si le bonheur désigne un état de plénitude lié à la satisfaction complète des besoins et des désirs, quel homme voudrait s'en détourner ? Pascal, déjà, le notait dans ses *Pensées* : « Tous les hommes recherchent d'être heureux. Cela est sans exception, quelques différents moyens qu'ils y emploient. » Mais alors, pourquoi faire du bonheur, dont la quête est universelle, un devoir ? Quel sens y a-t-il à prescrire au moyen d'un commandement moral ce qui constitue déjà la tendance naturelle de tous les hommes ? N'y a-t-il pas contradiction à ériger un *fait* à la dignité d'une *valeur* ? Par ailleurs, si le concept du devoir est en lui-même le concept d'une contrainte du libre-arbitre par la loi morale, le devoir n'est-il pas la négation du bonheur ? Le bonheur n'est-il pas l'absence de cette contrainte intérieure par laquelle s'exprime le sentiment du devoir ?

I – *Le bonheur comme souverain bien*

a) Pour l'ensemble de la philosophie grecque, le bonheur est le bien suprême parmi tous les biens réalisables. Ainsi, pour Aristote, le bonheur est-il le souverain bien, le bien par excellence, seul bon en lui-même, et par rapport auquel tous les autres ne sont que des moyens.

b) Si le bonheur apparaît comme une finalité universelle, les hommes divergent quant aux moyens à utiliser pour l'atteindre. Mais la plupart des philosophes ont établi une conjonction entre le bonheur et la vertu, qui consiste à se conduire avec rectitude et droiture. La raison est ainsi au principe de la vie heureuse ; la sagesse (*phronèsis*), source de toutes les autres vertus, ne fait qu'un avec la vie heureuse. Elle est le bonheur même.

c) Parmi les trois types de vie distingués par Aristote : la vie de jouissance, la vie politique, la vie contemplative, seule la dernière peut nous assurer le bonheur ; l'activité de l'âme conforme à la vertu et à la raison réalise l'homme dans sa définition d'« animal raisonnable ». Par l'activité théorique et contemplative, l'homme satisfait la part divine qui est en lui.

II – *L'antinomie du bonheur et de la morale*

On doutera pourtant que le bonheur puisse constituer le fondement, ou le critère de la moralité. Il n'est pas sûr que le bien-être se règle toujours sur le bienfaire et que la vertu soit toujours récompensée. Le bonheur digne d'être recherché n'est sans doute pas celui vers lequel nous tendons spontanément, mais celui vers lequel nous *devons* tendre. Mais alors il doit être redéfini.

a) Si l'action est morale en proportion de son caractère désintéressé (elle doit être accomplie par pur respect pour la loi morale, indépendamment de tout effet espéré ou attendu), la maxime du bonheur personnel, qui repose sur le principe de l'amour de soi, ne saurait être considérée comme devoir.

b) Si tous les hommes recherchent le bonheur, ils ne peuvent s'accorder sur le contenu de sens de ce concept ; les éléments empiriques constitutifs du bonheur varient selon les individus et sont empruntés à l'expérience. Le concept de bonheur ne possède donc aucune universalité, et, partant, aucune nécessité.

c) Dépourvu de nécessité, le principe du bonheur peut bien fournir des maximes générales, mais non universelles. Le bonheur personnel relève d'un impératif hypothétique, jamais catégorique. En faire un devoir reviendrait, estime

Kant, à substituer à la loi une maxime de choix arbitraire d'après le penchant de chacun. Aucune loi universelle ne peut être tirée du désir d'être heureux.

III – *Le bonheur comme devoir indirect*

Si le fondement de la morale doit résider dans le seul respect de la loi et, à ce titre, exclure le désir de satisfaction, la morale n'a pourtant de sens pour l'homme qu'en la possibilité de non-malheur et dans l'espoir de bonheur qu'elle s'efforce ainsi de légitimer.

a) La contradiction entre bonheur et Bien n'est pas absolue : le bonheur n'est pas le bien complet ; mais le bonheur correspondant à la moralité, proportion à celle-ci, constitue un élément du souverain bien. Autrement dit, le bonheur correspond à l'activité de la raison pratique, c'est-à-dire à la satisfaction d'un être raisonnable soumis à sa bonne volonté.

b) Loin d'exclure totalement le bonheur, la raison pratique doit lui faire sa part, car le malheur ou la misère constituent autant de tentations d'enfreindre son devoir ; assurer son propre bonheur devient ainsi un devoir indirect. Certes, le bonheur n'est pas encore une fin, il reste le moyen légitime d'écarter les obstacles à la moralité.

c) La morale ne vise donc pas à nous apprendre à être heureux, mais à nous rendre *dignes* du bonheur par la pratique de la vertu envisagée comme obéissance à la loi. Le morale est centrée sur le *mérite*, non point sur le bonheur ; mais ce dernier demeure, à titre d'objet de notre espérance.

Conclusion

Le bonheur raisonnable ne peut être qu'un idéal pour un être fini, particulier, soumis à ses besoins. Il doit consister dans le respect légitime de soi-même, dans la conscience de la victoire remportée par la raison en moi sur moi-même. Le devoir n'est donc pas d'être heureux mais de tendre à le devenir, d'en devenir digne.

Pistes à suivre :

☛ Sur le problème du rapport entre le bonheur et la morale, on lira en détail les passages consacrés par Kant à cette question dans : les *Fondements de la métaphysique des mœurs* (2ᵉ section) éd. Delagrave, 1966 ; la *Critique de la raison pratique* (1ʳᵉ partie, 1ᵉʳ Livre, 1ᵉʳ chap., § 3) P.U.F., 1971 ; la *Doctrine de la vertu* (préface) Vrin, 1968.

☛ Pour cette question dans l'antiquité, voir : Aristote : *Éthique à Nicomaque*, G.-F., 1965 ; Épictète : *Manuel*, G.-F., 1992 ; Épicure : *Lettres et Maximes*, P.U.F., coll. « Epiméthée », 1992.

Le mensonge est-il toujours condamnable ?

> **PLAN**
>
> *Introduction* : la diversité des motifs de dissimuler la vérité ne fonde-t-elle pas un droit de mentir ?
>
> I – Le mensonge légitime comme remède
> a) Le « vrai » mensonge récusé par les dieux
> b) Le mensonge dans l'intérêt de la cité
> c) Droit de mentir et droit de contrainte
>
> *Transition* : du pragmatique à l'éthique
>
> II – Le devoir de véracité absolue
> a) Le mensonge non universalisable
> b) Le mensonge comme rupture du contrat social
> c) Le mensonge comme négation de la personne
>
> *Transition* : de l'amour de soi à la sollicitude
>
> III – Mensonge et sagesse pratique
> a) De l'universel au particulier
> b) Devoir de vérité et droit à la vérité
> c) L'exception faite au bénéfice d'autrui
>
> *Conclusion* : devoir de véracité et particularité des situations vécues

Introduction

Le mensonge se définit comme l'acte de langage consistant à faire une déclaration intentionnellement fausse. Le mensonge ne se constitue que comme dissimulation délibérée du vrai, dans l'intention d'induire autrui en erreur. Le mensonge suppose donc la connaissance de la vérité, et, à ce titre, s'oppose à la véracité, conçue comme devoir de la vérité due à autrui.

Que le caractère de devoir attaché à la véracité ne puisse être contesté, doit-il nécessairement en résulter que le mensonge soit toujours condamnable ? Rien n'est moins sûr, à l'épreuve de la réflexion, c'est-à-dire dès lors que l'on distingue, au sein d'une sorte de « typologie » du mensonge, différents motifs de dissimuler la vérité. Si le mensonge peut en effet nuire à autrui, ne peut-il parfois considérer son intérêt, ou encore vouloir épargner sa souffrance ? Le mensonge n'est pas seulement de méchanceté ou de cynisme ; il peut être de politesse, ou de charité. Dans ces conditions, seule une analyse différentielle des motifs permettra de répondre à la question : y a-t-il un droit de mentir ?

I - Le mensonge légitime comme remède

a) Dès l'antiquité, le mensonge est dénoncé par la plupart des philosophes, au profit de la sincérité, que Platon définit comme « une disposition naturelle à ne point admettre volontairement le mensonge, mais à le haïr et à chérir la vérité » (*République*, VI, 485 c-d). Le mensonge est « également détesté des dieux et des hommes » (*République*, II, 382 c).

b) Pourtant, cette condamnation de principe souffre quelques exceptions : ainsi, Platon justifie-t-il le recours, par les gouvernants, à des « fables » destinées à maintenir l'ordre dans la cité. Ces fables, au sens strict du mot, ne seront pas considérées comme de « vrais » mensonges : « il y a chance que nos gouvernants soient obligés d'user largement de mensonges et de tromperie pour le bien des gouvernés ; et nous avons dit quelque part que de pareilles pratiques étaient utiles sous forme de remèdes » (*République*, II, 459 c-d).

c) Mais il peut encore exister un droit de mentir, qui, paradoxalement, vise à préserver l'unité des relations entre les hommes ; l'imposture et la fourberie brisent ce lien, et doivent donc être combattus avec les mêmes armes. Toute victime d'un abus de force ou d'une injustice est ainsi fondée à se défendre par le mensonge. Schopenhauer, par exemple, estime que je puis « selon les circonstances, opposer à la violence d'autrui la ruse ; je n'aurai pas en cela de tort ; en conséquence, je possède un *droit de mentir*, dans la même mesure où je possède un droit de contrainte » (*Le Monde comme volonté et comme représentation*, § 62, P.U.F., Paris, 1966, p. 428).

II- Le devoir de véracité absolue

Mais la justification politique du mensonge ne saurait à elle seule tenir lieu de légitimation éthique. Le pragmatisme de l'action politique, tributaire de la particularité des situations, entre en conflit avec l'universalité comme principe constitutif de l'exigence morale.

a) Si je puis bien, parfois, être tenté de mentir, il m'apparaît néanmoins aussitôt que, comme l'a bien montré Kant, je ne puis en aucune manière vouloir une loi universelle qui commanderait de mentir. L'universalisation de la maxime du mensonge comporte une contradiction interne : seule la confiance mutuelle rend possible la promesse et, plus généralement, la relation de langage entre les hommes.

b) Le mensonge, faute contre la véracité, met en péril le principe du discours qui constitue la vie en commun ; il porte atteinte à la règle de réciprocité soutenant l'exercice du langage comme institution majeure de la communauté humaine. Le mensonge ruine à son fondement le principe de confiance mutuelle dans lequel la réciprocité des sujets parlants trouve sa condition de possibilité.

c) Le mensonge est ainsi négation de la personne, puisque, mentant à autrui, je le tiens pour un être dont je puis user comme d'un objet, c'est-à-dire un simple moyen, au bénéfice de mon propre intérêt. En tant que fin en soi, l'être raisonnable a au contraire droit à la vérité.

III - Mensonge et sagesse pratique

Pourtant la question demeure : le respect pour la règle coïncide-t-il nécessairement avec le respect des personnes ? Peut-on, ainsi que le fait Kant, refuser de tenir compte, dans le jugement porté sur le mensonge, du dommage éventuel causé à autrui ?

a) S'il ne peut s'agir de récuser le devoir, peut-on simplement, quand il s'agit de l'appliquer aux situations concrètes, se reposer en lui ? Le tragique de l'existence nous confronte à des conflits de devoirs, où se heurtent, d'une part, le respect de la norme universelle, d'autre part le respect de la personne humaine, considérée dans sa dimension d'absolue singularité.

b) Dans sa polémique avec Kant, B. Constant affirme la réciprocité des devoirs et des droits : dire la vérité n'est donc un devoir qu'envers ceux qui ont droit à la vérité. Or, ajoute-t-il, « nul homme n'a droit à la vérité qui nuit à autrui. »

c) Par conséquent, si la règle de la véracité peut connaître une exception, c'est celle qui est faite, non au bénéfice de l'agent, et au titre de l'amour de soi, mais au bénéfice d'autrui. Il peut donc être légitime, ou du moins nécessaire, de mentir par compassion avec ceux qui souffrent, et que la vérité condamnerait peut-être ; tout comme il serait absurde de dire la vérité au criminel à la poursuite de sa victime !

Conclusion

La condamnation du mensonge est subordonnée à l'affirmation du droit à la vérité, qu'autrui est fondé à invoquer à mon égard. Ce droit consiste moins en un devoir absolu de dire la vérité, quelles que soient les circonstances, qu'en une responsabilité plus large à son égard, par laquelle le souci de véracité cède le pas devant une obligation supérieure de loyauté.

Pistes à suivre :

☞ On recommandera particulièrement la lecture approfondie des textes de Kant consacrés à la question du mensonge : *Sur un prétendu droit de mentir par humanité*, Vrin, 1967 ; *Fondements de la métaphysique des mœurs*, 2ᵉ section, éd. Delagrave, 1966 ; *Doctrine de la vertu*, Vrin, 1968. Parmi les commentaires, citons : F. Boituzat : *Un droit de mentir ? Constant ou Kant*, P.U.F., 1993.

Y a-t-il une valeur de l'exemple en morale ?

PLAN

Introduction : le cas particulier peut-il prétendre fonder le principe moral dans son exigence d'universalité ?

I – La vertu de l'exemple comme exemple de la vertu
    a) La sagesse pratique (*phronèsis*)
    b) L'exemplarité de l'homme prudent (le *phronimos*)
    c) L'apprentissage de la vertu par l'éducation

Transition : la figure de l'homme accompli ne présuppose-t-elle pas l'objectivité de la norme ?

II – Le refus de toute imitation morale
    a) La priorité de la règle sur le cas
    b) L'exemple comme facteur d'hétéronomie de la volonté
    c) La vertu seulement pédagogique de l'exemple

Transition : le refus de l'exemple, conséquence du formalisme éthique

III – Le moment nécessaire de la personnification
    a) Les deux sources de la morale
    b) Contrainte et obligation
    c) Le principe d'exemplarité

Conclusion : la vie morale exemplaire comme témoignage d'une aspiration universelle

---

Introduction

Le projet éthique appelle communément, à l'appui de son désir d'instruction, le témoignage d'êtres dont la conduite passe pour exemplaire. Ces individualités exceptionnelles, convoquées à des fins d'édification morale, produisent l'illustration concrète de la vertu réalisée dans l'histoire. L'exemple de la vertu semble ainsi fonder avec évidence la vertu de l'exemple.

Une difficulté surgit cependant : elle réside dans l'écart séparant l'universalité de la norme idéale, inconditionnée, exprimant elle-même une aspiration qui passe l'expérience et l'histoire, et le caractère conditionné de l'exemple, cas particulier présentant la règle ; cet écart peut-il être résorbé, ou condamne-t-il tout comportement exemplaire à n'avoir aucune valeur universelle ?

I - *La vertu de l'exemple comme exemple de la vertu*

a) L'aspiration éthique est de l'ordre de la visée, en tant que désir de s'accomplir dans une vie bonne ; elle relève donc d'une sagesse pratique (*phronèsis* chez Aristote) qui, en rupture avec toute conception normative de la morale, trouve sa règle dans la délibération par laquelle chacun s'efforce de diriger sa vie, en conformité avec un idéal de bonheur lié à l'accomplissement de la vertu.

b) Dès lors, il semble difficile de procéder à l'examen des vertus sans faire référence aux individus qui les incarnent exemplairement, et qui peuvent être montrés comme modèles. Cette indissociabilité de la vertu et de l'homme vertueux tient à l'ancrage de la visée éthique dans la praxis : Aristote établit ainsi un lien étroit, au livre VI de l'*Éthique à Nicomaque*, entre la sagesse pratique et l'homme prudent, le sage lui-même.

c) Ainsi convient-il de recourir à l'autorité de l'exemple plutôt qu'à une détermination conceptuelle de la moralité, qui impliquerait la possibilité d'envisager la totalité des cas particuliers. Le sage donne l'exemple de la vertu, qui ne s'acquiert que par l'éducation ; le problème de la vertu et du bonheur devient celui de l'éducation.

II - *Le refus de toute imitation morale*

Pourtant, cette conception de l'éducation morale par l'exemple ne se meut-elle pas dans un cercle ? La vertu, incarnée par l'homme sage, risque de n'apparaître qu'aux yeux de qui en possède déjà le concept. Ne faut-il pas déjà être vertueux pour la reconnaître à l'œuvre chez autrui ?

a) En effet, loin de se poser comme originaire et auto-suffisant, l'exemple ne doit-il pas toujours être mis en rapport avec la règle, qu'il ne fait qu'illustrer ? Le caractère d'exemplarité de l'exemple n'apparaît qu'à la lumière d'une analyse mettant au jour la loi dont il est l'illustration.

b) De plus, la vertu consiste dans l'autonomie de la volonté : elle implique donc que ce soit la loi morale, et non la conduite d'autres hommes, qui doive servir de modèle. A imiter tel ou tel comportement extérieur, la conscience morale se condamnerait à l'hétéronomie.

c) La conduite exemplaire ne doit donc pas servir de modèle, mais seulement de preuve que ce qui est conforme au devoir est praticable.

II - Le moment nécessaire de la personnification

Le refus de tout exemple, tel que le manifeste Kant, n'est-il pas lié au formalisme de la morale ? En effet, en tant que formelle, l'obligation n'a besoin *a priori* de se référer à aucun *contenu* (puisqu'elle n'est que pure forme). La conscience morale n'a donc besoin d'aucun exemple. Elle se suffit à elle-même ; elle est autonomie.

a) Mais peut-on identifier sans reste la visée éthique à la subordination de la sensibilité à la loi de la raison ? Bergson remarque que l'intelligence peut certes *expliquer*, mais non pas *convaincre*, inciter à agir ; la morale est affaire de volonté et d'émotion, et non pas d'entendement pur. Une morale dynamique, ouverte, créatrice, celle des mystiques et des saints, s'oppose à la morale statique et close de l'entendement et de la société.

b) Il faut donc distinguer contrainte et obligation : si la contrainte asservit, l'obligation délivre en tant qu'elle convoque le sujet à la tâche de sa propre libération : « un être ne se sent obligé que s'il est libre, et chaque obligation, prise à part, implique la liberté » (Bergson, *Les Deux Sources de la morale et de la religion*, Paris, P.U.F., édition du Centenaire, 1970, p. 999). La contrainte prend ainsi le visage de l'obligation dès lors qu'elle s'incarne dans la conduite d'un homme exemplaire, dont l'existence même est un appel, dans la mesure où elle est tout entière apparentée, estime Bergson, à l'acte créateur.

c) L'exemple se fait *témoignage* qui, loin d'asservir ceux qui le reçoivent, les invite à une conversion et à un accroissement spirituel. Le principe d'exemplarité trouve ici sa légitimité en ce que la rencontre avec l'homme exemplaire est incitation à l'accomplissement de soi, dans l'ordre de la liberté.

Conclusion

La vertu de l'exemple tient à la nécessité pour la morale de se montrer possibilité réelle, ce qu'elle ne peut faire qu'en s'incarnant dans des conduites ou des vies exemplaires. Il reste cependant que l'imitation doit être bannie de la vie éthique, et que l'invention morale est exigée de chacun, puisqu'elle seule donne la possibilité de vivre la morale, c'est-à-dire de vivre moralement.

Pistes à suivre :

☞ Sur la distinction essentielle entre les deux types de morale : morale de la pression sociale et morale de l'attrait, on lira : Bergson : *Les Deux Sources de la morale et de la religion*, P.U.F., 1970. Pour la question de l'exemple chez Kant : *Fondements de la métaphysique des mœurs* (2e section), éd. Delagrave, 1966, et : *Doctrine de la vertu*, Vrin, 1968.

Que nous apprend sur l'homme le sentiment de la faute ?

PLAN

Introduction : culpabilité et illimitation de la condamnation

I – Culpabilité et conscience de soi
a) La métaphore du tribunal intérieur
b) La culpabilité comme moment subjectif de la faute
c) L'individualisation de la culpabilité

Transition : la scission subjective, condition nécessaire mais non suffisante de la culpabilité

II – Culpabilité et responsabilité
a) Culpabilité et auto-imputation
b) Responsabilité et moi identitaire
c) Culpabilité et temporalité

Transition : sentiment de la faute et liberté

III – Culpabilité et liberté
a) Les figures de la culpabilité
b) La liberté comme pouvoir de transgression

Conclusion : l'ambivalence du sentiment de la faute

Introduction

Le sentiment de la faute consiste à se sentir coupable d'une conduite passée non conforme à la loi morale intériorisée par le sujet. Il regroupe l'ensemble des expériences vécues où le sujet juge lui-même négativement sa propre conduite. Il implique donc un jugement de *valeur*. Le sentiment de la faute désigne une expérience de culpabilité de la part d'un être qui n'est pas seulement conscience psychologique, mais aussi conscience *morale*, dont l'exigence constitutive dépasse ce qui est au profit de *ce qui doit être* ; c'est en effet au regard de cette conscience normative que le sujet peut s'apparaître à lui-même comme coupable. Mais, précisément, le paradoxe de la culpabilité ne réside-t-il pas dans cette structure de la conscience de soi par laquelle un être peut juger l'ensemble de sa personne, pour la considérer comme blâmable, au-delà du caractère limité de la faute objectivement commise ?

I – *Culpabilité et conscience de soi*

a) Il y a une dimension *subjective* de la culpabilité ; celle-ci s'exprime fréquemment selon la métaphore de l'oppression (un « poids » pèse sur la conscience), et se propage à l'ensemble de la personnalité sur le mode de l'auto-accusation, dont les formes extrêmes peuvent confiner à la pathologie d'un véritable « masochisme moral » (Freud).

b) Cette métaphore du tribunal intérieur n'est possible que par la structure dédoublée de la subjectivité ; en tant qu'auto-observation, auto-accusation et auto-condamnation, la culpabilité implique la *dualité* de la conscience observante-observée. Seul un être capable de se dédoubler, dans son identité, peut se juger d'un point de vue moral : seule la structure de la conscience de soi rend possible l'imputation personnelle du mal.

c) En tant qu'elle désigne le moment *subjectif* de la faute, la culpabilité est inséparable de l'avènement de l'homme comme *conscience de soi*. Le sentiment de la faute ne peut apparaître dans une culture où la culpabilité est encore collective (comme la Grèce ancienne) et est contemporain de la promotion de la *conscience* comme instance suprême. C'est par là que le *sentiment* de la faute devient *conscience* de faute.

II – *Culpabilité et responsabilité*

Mais ce processus de scission intérieure n'est qu'une condition nécessaire, et non suffisante, de l'avènement de la culpabilité, en ce que cette dernière requiert encore, comme l'a montré Paul Ricœur, « l'intériorisation de l'expérience du mal, et, par conséquent, la promotion d'un sujet moral responsable » (P. Ricœur, *Le Conflit des interprétations*, Le Seuil, 1969, p. 421).

a) La culpabilité implique l'aptitude à *m'imputer* mes actes ; être coupable, c'est se reconnaître responsable, accepter de répondre de ses actes, parce que le sujet s'identifie à ses actions. S'imputer un acte signifie nécessairement s'en reconnaître l'auteur, c'est-à-dire s'identifier à l'ensemble de sa conduite présente ou passée. Comme l'a montré Paul Ricœur dans une remarquable analyse consacrée à la culpabilité : cette auto-imputation vaut pour l'avenir : j'assume les conséquences de mes actes ; c'est là la dimension *prospective* de la responsabilité. Mais elle vaut également pour le passé, que la culpabilité assume *rétrospectivement*.

b) Ce mouvement rétrospectif de la responsabilité constitue *l'identité* du sujet moral à travers passé, présent et avenir : la reconnaissance de la culpabilité implique donc, comme sa condition, l'existence d'un moi identitaire.

c) Autrement dit, je me maintiens identique à moi-même dans le temps ; je m'affirme dans mon ipséité, malgré le pouvoir de dispersion temporelle qui tend constamment à me séparer de moi-même et de mes actes. L'homme est l'être coupable, parce qu'il est l'être en qui le passé ne cesse d'être présent, comme l'atteste l'expérience du remords, où le passé et le présent coïncident.

III - Culpabilité et liberté

Mais si culpabilité implique sentiment de responsabilité, cet acte d'imputation n'implique-t-il pas la reconnaissance de la liberté humaine ?

a) Comment comprendre en effet ces figures majeures de la culpabilité que sont le regret, le remords et le repentir autrement que comme l'aveu de cette liberté par laquelle j'aurais *pu* agir autrement ? De fait, j'aurais pu, et par conséquent j'aurais *dû* agir autrement.

b) Le *remords*, par exemple, est un révélateur éthique : il me rappelle à la conscience de mon devoir, parce qu'il est la faute du devoir non accompli. Je me découvre ainsi comme sujet capable de suivre la loi morale, mais aussi de la transgresser. La liberté qui est en moi m'apparaît comme pouvoir d'agir selon la représentation d'une loi et de passer outre à l'obligation. L'homme découvre le pouvoir de son arbitraire, et la violence de ses passions.

Conclusion

L'analyse du sentiment de la faute en révèle l'ambivalence : juste expression de l'exigence éthique, présente au cœur de la conscience morale, il peut se pervertir sous la forme pathologique de la rumination obsessionnelle et du scrupule, qui signe l'entrée de la conscience dans ce que Paul Ricœur appelle « l'enfer de la culpabilité ». Le passage du remords au repentir, c'est-à-dire du sentiment de l'irréparable à celui de la liberté intacte, de l'histoire devenue destin à l'existence comme possibilité, doit symboliser le mouvement de la conscience morale vers sa propre libération.

Pistes à suivre :

☞ Sur l'histoire de l'individualisation de la faute, on pourra lire : P. Ricœur : *Finitude et Culpabilité*, II : « La symbolique du mal », Aubier-Montaigne, 1988 ; P. Ricœur : « Culpabilité, éthique et religion », in : *Le Conflit des interprétations*, Paris, Seuil, 1969 ; Nietzsche : *La Généalogie de la morale*, Gallimard, 1967 ; Jean Nabert : *Éléments pour une éthique*, Aubier, 1993. Enfin, pour l'approche psychanalytique du problème de la culpabilité : Freud : « Le moi et le Ça », dans les : *Essais de psychanalyse*, Payot, 1966, et : « Deuil et mélancolie », dans : *Métapsychologie*, Gallimard, 1964.

Glossaire

AUTONOMIE : chez Kant, l'autonomie est la propriété qu'a la volonté d'être à elle-même sa loi.

AXIOLOGIE : théorie générale des valeurs morales.

DICHOTOMIE : division logique d'un concept en deux espèces ; plus généralement synonyme d'opposition entre deux termes.

EUDÉMONISME : qualifie toutes les doctrines morales pour lesquelles le bonheur est considéré comme le souverain bien et, à ce titre, le but de toute action.

FORMALISME : caractérise la morale kantienne, qui privilégie la forme de la loi : le critère de la moralité de l'action se trouve dans son universalisation possible et dans son intention, indépendamment de son contenu matériel.

HÉTÉRONOMIE : condition de la volonté, lorsqu'elle reçoit d'autrui ou d'un principe extérieur la loi à laquelle elle obéit.

IDÉAL DU MOI : chez Freud, ce terme désigne un modèle, résultant de l'identification aux parents, à leurs substituts et aux idéaux collectifs, auquel le sujet cherche à se conformer dans la construction de sa personnalité.

IDIOSYNCRASIE : mélange de deux ou plusieurs choses qui se combinent en un tout ; désigne l'ensemble des dispositions physiologiques et psychologiques d'un individu (son tempérament et son caractère).

NORMATIVITÉ : propriété consistant à édicter des normes ; exemple : la fonction normative de la raison renvoie à son aptitude à prescrire et à juger.

PRAGMATIQUE : caractère de ce qui est de l'ordre de l'action, par opposition à la théorie.

RIGORISME : désigne l'exclusion totale, chez Kant, de toute considération sensible dans la détermination du motif de l'action morale.

SÉMÉIOLOGIE/SÉMIOTIQUE : désigne la science générale des systèmes de signes (pas seulement linguistiques). Chez Nietzsche, le terme renvoie à l'étude des « symptômes » que sont les manifestations d'un certain type de Volonté de puissance.

SYMPTOMATOLOGIE : la science des symptômes en général. Chez Nietzsche, désigne l'analyse généalogique des phénomènes sous lesquels se dissimule la double orientation de la Volonté de puissance.

TÉLÉOLOGIQUE : qui concerne un rapport de finalité ; par exemple, chez Kant, le terme s'applique à la finalité de la nature en général, ou de l'homme en tant qu'être raisonnable et agent moral.

TYPOLOGIE : désigne la science descriptive des différents types (de caractère ou de comportement).

Index

Aristote 7, 8, 9, 10, 11, 34, 35, 50, 51, 57
Autonomie 7, 10, 13, 15, 16, 17, 18, 32, 39, 46, 47, 57, 58, 62
Bentham 12
Bergson 30, 42, 43, 48, 58
Bonheur 6, 8, 12, 14, 19, 20, 25, 36, 37, 49, 50, 51, 57, 62
Bonne volonté 11, 51
Christianisme 10
Culpabilité 24, 27, 28, 59, 60, 61
Délibération 9, 17, 57
Devoir 6, 11, 12, 13, 15, 16, 17, 18, 19, 20, 21, 22, 24, 25, 28, 36, 37, 38, 39, 40, 49, 50, 51, 52, 53, 54, 61
Dieu 10, 20, 21, 22, 26, 28, 40, 41
Dignité 5, 15, 16, 49
Disposition 9
Eudémonisme 8, 62
Exemple 56, 57, 58
Formalisme 11, 12, 15, 17, 31, 38, 39, 46, 56, 58, 62
Freud 30, 61, 62
Généalogie 23, 41
Hegel 11, 18, 19, 20, 21, 22, 38, 39, 47, 48
Honte 27

Idéal ascétique 25
Idéal du moi 30, 62
Impératif 12, 13, 14, 15, 18, 22, 25, 31, 37, 47, 48, 49, 50
Kant 4, 9, 10, 11, 12, 14, 15, 16, 17, 18, 19, 20, 21, 22, 25, 28, 31, 32, 36, 37, 38, 39, 43, 51, 53, 54, 55, 58, 62
Liberté 11, 16, 17, 18, 20, 32, 39, 47, 59, 61
Mauvaise conscience 24, 25, 27
Mensonge 52, 53, 54, 55
Nietzsche 22, 23, 25, 26, 40, 41, 61, 62
Nihilisme 26
Obligation 6, 11, 17, 19, 22, 24, 25, 27, 30, 32, 37, 43, 46, 47, 48, 56, 58, 61
Personne 15, 16, 32, 46, 52, 54, 59
Platon 7, 53
Prudence 9, 17, 48
Regret 28, 61
Remords 28, 61
Repentir 28, 61
Rigorisme 12, 19, 62
Sagesse pratique 9, 10, 46, 47, 48, 52, 54, 56, 57
Souverain Bien 7, 8, 10, 19, 49, 50, 51, 62
Stoïciens 6
Surmoi 30
Utilitarisme 12
Valeur 4, 5, 6, 11, 12, 14, 15, 22, 23, 24, 25, 26, 29, 30, 32, 40, 41, 46, 47, 48, 49, 56, 57, 59, 62
Vertu 6, 7, 9, 19, 20, 25, 26, 28, 34, 35, 47, 49, 50, 51, 55, 56, 57, 58